KLARTEXT

**Bildnachweis:**
Adobe Stock: © blende11.photo: S. 8; © dietwalther: S. 4/5; © pixoneer: S. 15; © rammi76: S. 6/7; © R.-Andreas Klein: S. 12/13; Physikalisch-Technische Bundesanstalt: S. 106, 108; IMAGO/Arkivi: S. 71; IMAGO/Future Image: S. 100, 101; IMAGO/imagebroker: S. 28, 60/61; IMAGO/H. Tschanz-Hofmann: S. 20; IMAGO/Hübner: S. 47, 112; IMAGO/localpic: S. 92; IMAGO/Panthermedia: S. 26/27; IMAGO/POP-EYE: S. 89; IMAGO/Schöning: S. 45, 111; IMAGO/teutopress: S. 29; IMAGO/UIG: S. 53; IMAGO/United Archives: S. 73; IMAGO/ZUMA Wire: S. 58; H. Nettelbeck KG: S. 36 u.; picture alliance/akg-images: S. 43, 67; picture alliance/dpa: S. 55; picture alliance/dpa | Swen Pförtner: S. 103; picture alliance/dpa | Michael Matthey: S. 105; picture alliance/dpa | Votava: S. 95; picture alliance/Christophe Gateau/dpa: S. 91; picture alliance/dpaweb | Rainer Jensen: S. 114; picture alliance/imageBROKER | H.-D. Falkenstein: S. 24; picture alliance/Heritage Images | Ann Ronan Pictures: S. 75 o.; picture alliance/imageBROKER | Jürgen Henkelmann: S. 40; picture alliance/imageBROKER | Schoening: S. 81; picture alliance/Tobias Kleinschmidt: S. 11; picture alliance/Stefan Jaitner: S. 18/19; picture alliance/dpa | Rohrmann: S. 75; picture alliance/ullstein bild: S. 36 o.; picture alliance/United Archives / kpa: S. 97; picture alliance/ ZB | Berliner Verlag/Archiv: S. 66, 68/69; Wikipedia: AOK-Gebaeude_Gedenktafel_Brunswyk_CC BY-SA 3.0: S. 79; Braunschweiger Originale_Brunswyk_CC BY-SA 3.0: S. 83; Adolf Dauthage (1825-1883) - Eigenes Foto einer Originallithographie der ÖNB (Wien): S. 49; Dieter Schütz/pixelio.de: S. 10; Christopher Schulze: S. 22/23, 30, 39, 57, 86/87, 109; kordula – uwe vahle/pixelio.de: S.64/65

**Verwendete Literatur**
Leppa, Gerold: Das Braunschweiger Mumme-Buch. Geschichte und Rezepte, Braunschweig Stadtmarketing GmbH; Ludewig, Hans-Ulrich: 160 Tage wehte die rote Fahne. Die Revolution in Braunschweig 1918/1919, Appelhans Verlag; Spies, Gerd: Messe, Markt, Handel im alten Braunschweig, Städtisches Museum; Stauf, Renate; Wiebe, Christian: Märchenstadt und Parnass. Braunschweiger Literatur vom Mittelalter bis zur Gegenwart, Verlag Andreas Reiffer; Wieden, Brage Bei der; Luckhardt, Joachim; Pöppelmann, Heike: 850 Jahre Braunschweiger Löwe. Dokumentation der Tagung am 12. und 11. März 2017, Appelhans Verlag

Bibliografische Information der Deutschen Nationalbibliothek
Die Deutsche Nationalbibliothek verzeichnet diese Publikation in der Deutschen Nationalbibliografie; detaillierte bibliografische Daten sind im Internet über portal.dnb.de abrufbar.

**Impressum**
1. Auflage März 2023
Layout und Satz: Joachim Bartels
Umschlaggestaltung: Guido Klütsch, Köln
Umschlagabbildungen: Imago: /Norbert Neetz; /PantherMedia | Jens Ickler; /ZUMA Wire; picture alliance/CPA Media Co. Ltd, picture alliance/imageBROKER | H.-D. Falkenstein
Druck und Bindung: Linsen Druckcenter GmbH, Siemensstraße 12–14, 47533 Kleve

© Klartext Verlag, Essen 2023
ISBN 978-3-8375-2543-4

Jakob Funke Medien Beteiligungs GmbH & Co. KG
Jakob-Funke-Platz 1, 45127 Essen
info.klartext@funkemedien.de
www.klartext-verlag.de

Christopher Schulze

# Braunschweig

**Populäre Irrtümer
und andere Wahrheiten**

# Inhalt

- 6 Zum Geleit
- 8 Steckbrief
- 10 Zahlen & Fakten
- 12 Burglöwe
- 16 Herzog mit Gebrüll
- 21 Schalk ohne Pointe
- 26 Das Brandenburger Tor
- 29 Erst rechnen, dann sprechen
- 33 Mumme muss mit
- 37 Revolte gegen den Diamentenherzog
- 41 Rettet die deutsche Sprache
- 44 Als Braunschweig mit der Post kam
- 46 „Hei Minna"
- 48 Feuersäule auf der Bühne
- 50 Braunschweig. Eine Zeitreise
- 56 Liebesromane, Benimmregeln und ein „deutscher Shakespeare"
- 60 Premieren in Braunschweig
- 62 Elle und Honigkuchen
- 66 Geburtshelfer der SPD
- 68 Rote Revolution
- 71 Die letzte Herzogin
- 74 Hitlers Staatsbürgerschaft
- 78 Spuren des Terrors
- 80 Monumente der Schreckenszeit
- 82 Braunschweiger Originale

| | |
|---|---|
| 86 | Braunschweiger Schule |
| 88 | Im Westen was Neues |
| 91 | Enten aus der Löwenstadt |
| 93 | Schlagzeilen und Skandale |
| 97 | Primetime |
| 100 | Hinter der Leinwand |
| 102 | Schoduvel |
| 106 | Braunschweiger Zeit |
| 109 | Rathaus und Bierbörse |
| 110 | Wasserturm ohne Wasser |
| 112 | Überall Löwen |
| 116 | Das Quiz für echte Braunschweig-Experten |
| 120 | Zitate |

# Zum Geleit

„Brunswiek, du leiwe Stadt", so heißt es im berühmten Mummelied über diese Stadt. Ein Ausspruch, der vielen Braunschweigerinnen und Braunschweigern geläufig ist und der so bekannt ist, dass man 1956 noch einen Kulturfilm über Braunschweig mit eben jenem Namen produzierte. Und lieb haben die Menschen ihre Stadt. Das bewies zuletzt 2022 eine Studie zur Lebensqualität in Deutschland. 95 Prozent der Befragten gaben an, sie seien überwiegend zufrieden mit und in ihrer Stadt. Das brachte Braunschweig hinter Freiburg den zweiten Platz ein. Wie sollte man auch unzufrieden sein, wenn man auf dem Burgplatz

stehen und den imposanten Burglöwen bewundern oder sich beim Schoduvel prächtig amüsieren kann.

Doch nicht alles, was man sich über Mumme, Burglöwe oder Schoduvel erzählt, hält einer knallharten Recherche stand. Von diesen populären Irrtümern und weiteren Wahrheiten erzählt dieses Buch. Was hat Knigge mit Braunschweig zu tun? Welches Motiv war auf den ersten Braunschweiger Briefmarken zu sehen und welcher Braunschweiger war sowohl auf Briefmarken als auch auf einem Mark-Schein abgebildet? Was verbindet Braunschweig mit dem Brandenburger Tor und wie lustig war Till Eulenspiegel wirklich?

# Steckbrief

**Name:** Braunschweig („Brunswiek" in Plattdeutsch)
**Einwohner:** 248.823 (Stand 2021)
**Fläche:** 192 Quadratkilometer
**Farben:** Rot und Weiß
**Wappen:** In silbernem Schild ein steigender links gewendeter roter Löwen mit weißen Zähnen, roter Zunge und schwarzen Krallen
**Stadtbezirke:** 19
**Ersterwähnung:** 1031
**Residenz der Welfen:** 1142 bis 1432, von 1753 bis 1884
**Hauptstadt:** Herzogtum Braunschweig-Lüneburg (1235–1269), Fürstentum Braunschweig-Wolfenbüttel (1269–1807), Herzogtum Braunschweig (1814–1918), Freistaat Braunschweig (1918–1945)
**Persönlichkeiten:** Heinrich der Löwe, Otto IV., Carl Friedrich Gauß, Konrad Koch, Wilhelm Raabe, Ricarda Huch, Heinrich Büssing
**Museen:** Herzog Anton Ulrich-Museum, Braunschweigisches Landesmuseum, Städtisches Museum, Naturhistorisches Museum, Schlossmuseum, Raabe-Haus, Museum für Photographie, Mineralien-Kabinett, Schallplattenmuseum, Gut Steinhof, ZeitSchiene
**Spezielle Veranstaltungen:** Karnevalsumzug Schoduvel, Masch, Schloss-Spektakel, Kultur im Zelt, Klassik im Park, Magnifest, International Film Festival, Nachtlauf, Mummegenussmeile, Wintertheater
**Spezielle Getränke:** Mumme, Stadtrath, Wolters Bier
**Spezielle Speisen:** Mettwurst, Honigkuchen, Spargel
**Sprache:** Braunschweigisch

# Zahlen & Fakten

Den geografischen Mittelpunkt Braunschweigs bildet die Hinterfront des Gebäudes **Rebenring 7**.

Der höchste Kirchturm der Stadt ist der Südturm der St. Andreaskirche, den man in einer Höhe von **69,4 Metern** außen komplett umrunden kann. **374 Stufen** sind es bis nach oben. Das höchste Bauwerk überhaupt ist der Schornstein des Heizkraftwerkes Mitte mit **198 Metern**.

Der tiefste Geländepunkt im Stadtgebiet befindet sich mit **62 Metern** über Normalnull in der alten Okerschleife am nordöstlichen Rand der Rieselfelder.

Die Stadtgrenze hat eine Länge von **98 Kilometern**.

Seit mehreren Jahrhunderten umschließen die Okerarme die Braunschweiger Innenstadt. Im gesamten Stadtgebiet führen **24 Brücken** über den Fluss.

**93.000 Zuschauer** sahen am 14.09.1977 das Auswärtsspiel von Eintracht Braunschweig bei Dynamo Kiew live im Stadion. Endstand 1:1.

Den Karnevalsumzug Schoduvel verfolgte im Jahr 2014 eine Rekordzahl von **300.000 Zuschauern**.

Türme der St. Andreaskirche

An der Ost- und der Südseite des Altstadtrathauses befinden sich **17 lebensgroße Standbilder** ottonischer und welfischer Herrscher, die dort um 1455 aufgestellt wurden. Alle Herrscher sind zusammen mit ihren Frauen dargestellt. Nur Kaiser Lothar von Süpplingenburg steht einsam an einem Winkelpfeiler.

**18 Meter** flog das an der TU Braunschweig gebaute Papierflugzeug am 28.09.2013. Weltrekord. In mehr als **1200 Arbeitsstunden** war der größte flugfähige Papierflieger der Welt entstanden.

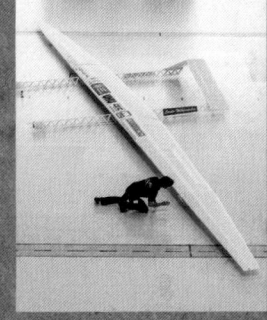

**1,3 Kilogramm** wog ein Meteorit, der 2013 in Melverode vom Himmel fiel.

Die 1881 gegründete Stadtbibliothek zählt mit einem Bestand von etwa **550.000 Bänden** zu den größten Bibliotheken Niedersachsens.

Mit einer Spannweite von **29 Metern** ist die SB 10 des Braunschweiger Vereins „Akaflieg" das größte Segelflugzeug der Welt. Und das bereits seit ihrem Erstflug am 22. Juli 1972.

Die Liberei neben der St. Andreaskirche gilt als ältester freistehender Bibliotheksbau nördlich der Alpen. Sie wurde zwischen **1412 und 1422** errichtet.

## POPULÄRER IRRTUM

## Burglöwe

**Schon immer war der Bronzelöwe auf dem Braunschweiger Burgplatz ein beliebtes Symbol und fand vielfältige Verwendung. Die Herzöge prägten Münzen mit seinem Bild, auf der berühmten Ebstorfer Weltkarte ist er das Symbol der Stadt und seit Übernahme der Firma Büssing durch MAN im Jahre 1971 brüllt er von den Kühlergrills der MAN-Fahrzeuge.**

Brüllend, in nach vorne gestreckter Haltung, bereit zum Sprung. So steht der Löwe seit vielen Jahrhunderten auf seinem Pfeiler vor der Burg Dankwarderode. Eine Chronik datiert seine Errichtung in das Jahr 1166, aber das ist eher eine Annäherung als eine absolute Gewissheit. Sicher ist, dass Herzog Heinrich der Löwe ihn als Symbol seiner Macht sowie seiner Person errichten ließ. Der Grund dafür lag natürlich in der bis heute gültigen Vorstellung, der Löwe sei das stärkste und mutigste aller Tiere, also quasi ein König der Tierwelt.

Häufig wird der Burglöwe, der bis ins späte 19. Jahrhundert hinein oft als Löwenstein bezeichnet wurde, als die erste freistehende Großplastik im Mittelalter nördlich der Alpen gewürdigt. Diese Ehre steht wohl eher dem Hirschmonument in der französischen Stadt Reims zu. Auch seine Einzigartig-

keit muss angesichts der relativ großen Zahl bronzener Kunstwerke wie dem Bronzekruzifix im Mindener Dom oder dem Goslarer Kaiserthron etwas relativiert werden. Aber auch ohne diese Superlative handelt es sich beim Burglöwen um ein außergewöhnliches Kunstwerk, in das man in Braunschweig sehr viel Energie und Kosten investierte.

Die monumentale Tierplastik hat eine Höhe von 1,78 Metern, eine Länge von 2,79 Metern, eine maximale Wandstärke von 12 Millimetern und bringt beeindruckende 880 Kilo auf die Waage. Gegossen mit dem seit der Antike vergessenen Hohlgussverfahren erforderte seine Herstellung einen Handwerker mit außergewöhnlichen Fähigkeiten. In technischer Hinsicht also ein Wunderwerk seiner Zeit. Unterschiede in der Wandstärke, fehlerhafte Gusspartien und meisterhaft ausgebesserte Fehlstellen lassen vermuten, dass dieses Verfahren zum ersten Mal von einem Gussmeister durchgeführt wurde, der Erfahrungen in der Herstellung von Kirchenglocken besaß, aber nicht mit einem Hohlguss diesen Ausmaßes.

Verwendet wurde Kupfer aus dem Rammelsberg bei Goslar, doch gegossen wurde der Löwe vor Ort, im Umfeld der Burg Dankwarderode. Dies ergab die Untersuchung des Sediments (sog. Kern-Material), mit dem seine Läufe gefüllt waren. Etwa zwei Jahre dürften die Arbeiten gedauert haben, wobei das Team wohl lediglich aus einem Gussmeister, einem Bildhauer und wenigen Gehilfen bestand.

Als künstlerisches Vorbild wird oft die Kapitolinische Wölfin genannt, die seit dem 9. Jahrhundert öffentlich zugänglich vor dem Lateranpalast in Rom stand. 1155 zur Kaiserkrönung Barbarossas weilte Heinrich der Löwe in Rom, allerdings am anderen Ende der Ewigen Stadt. In die Nähe der Wölfin kam er nicht. Natürlich ist nicht auszuschließen, dass der von Heinrich beauftragte Bildhauer selbst sie gesehen und als Inspiration verwendet hat.

Untersuchungen der Patina haben gezeigt, dass der Löwe einst vergoldet gewesen ist, aber zu welchem Zeitpunkt seiner langen Geschichte dies der Fall war, lässt sich nicht sicher sagen. Gut möglich, dass dies unter Herzog Friedrich Ulrich geschah. Dieser hatte 1616 „dieses alte Denkmal seiner Dynastie, das durch die Zeiten und des Wetters Ungunst verfallen war, wiederherzustellen und in den Zustand alten Glanzes zurückzuversetzen angeordnet, nachdem er ein Jahr vorher diese Stadt aufs heftigste belagert und eingeschlossen hatte".

Auch war an der Brust des Löwen einstmals eine große Blechtafel angebracht, welche sich heute im Landesmuseum befindet und auf der es heißt, dass Heinrich den Löwen „zur immerwährenden Erinnerung seiner Abkunft und seines Namens in der Burg seiner Vorfahren" habe errichten lassen. Die Blechtafel ist aber erstmals 1722 nachweisbar und stammt sicherlich nicht aus Heinrichs Zeit.

Nicht von allen wurde der Burglöwe bewundert. Auf einer Versammlung sächsischer Fürsten im August 1166 soll in Anwesenheit von Kaiser Barbarossa großer Unmut wegen seiner Aufstellung laut geworden sein. „Alle Welt sah in der drohenden Gebärde des Tieres ein Sinnbild der Aggressivität seines Initiators", heißt es in einer Chronik.

Die Braunschweiger aber liebten und beschützten ihren Burglöwen zu allen Zeiten. Und dieser Schutz war auch bitter nötig. 1812 plante Napoleon ihn einschmelzen zu lassen und in Kanonen für seinen Russlandfeldzug umgießen zu lassen. Nur der energische Widerstand des Braunschweiger Präfekten

Friedrich Ludwig Henneberg bewahrte den Burglöwen vor diesem traurigen Schicksal. Als im Zweiten Weltkrieg bereits die ersten Bomben auf Braunschweig fielen, stand der Löwe tapfer, aber völlig ungeschützt, im Zentrum der Stadt. Dieses Mal war es der Landeskonservator Kurt Seeleke, der den Löwen schließlich 1943 in einer Nacht-und-Nebel-Aktion – und ohne Absprache mit seinen Vorgesetzten – in einem Stollen im Rammelsberg in Sicherheit brachte. 1946 konnte er dann auf dem Burgplatz wieder aufgestellt werden. Dort blieb er jedoch nur bis Juli 1980. Da die Luftverschmutzung sichtbare Beschädigungen am Burglöwen verursacht hatte, wurde er durch eine Kopie ersetzt und aufwendig restauriert. Der gereinigte Löwe wurde zunächst im Altstadtrathaus aufgestellt und kehrte dann 1989 auf den Burgplatz zurück, wenn auch nicht auf seinen Pfeiler. Seit 1989 steht das Original nun in der Burg Dankwarderode, nur wenige Meter von seinem ursprünglichen Standort entfernt.

Braunschweiger Löwe vor der Burg Dankwarderode

# AHA!

## Herzog mit Gebrüll

**So präsent wie die Erinnerung an Heinrich den Löwen im Braunschweiger Stadtbild ist, müsste man eigentlich meinen, er wäre der Gründungsvater der Stadt. Das war er nicht. Er wurde nicht einmal in Braunschweig geboren. Aber für die Entwicklung der Stadt war er von zentraler Bedeutung.**

Heinrich der Löwe war ein Enkel des deutschen Kaisers Lothar III. Über seine Kindheit und Jugend wissen wir wenig, selbst sein Geburtsjahr 1129 sowie sein Geburtsort Ravensburg sind nur Vermutungen. Als gesichert gilt, dass Heinrich noch ein Knabe war, als sein Vater Heinrich der Stolze 1139 überraschend verstarb. Als Nachfolger seines Vaters und als Herzog von Sachsen und Bayern betrieb Heinrich eine erfolgreiche Politik und wurde zum mächtigsten deutschen Fürsten seiner Zeit.

Zwischen ihm und seinem Vetter Friedrich Barbarossa herrschte in den ersten Jahrzehnten eine Art Gentlemen's Agreement, von dem beide profitierten. Heinrich half Friedrich dabei deutscher König und Kaiser zu werden und im Gegenzug unterstützte Friedrich Barbarossa seinen Vetter im Konflikt mit anderen sächsischen Fürsten. Auch erhielt Heinrich die Stadt Goslar als Lehen und somit beträchtliche Einnahmen aus dem Erzbergbau. Als Friedrich Barbarossa während der Kaiserkrönung in Rom von der Bevölkerung der Stadt angegriffen wurde, griff Heinrich persönlich ein und rettete den Kaiser aus großer Gefahr. Eine Szene, die viele Historienmaler inspirierte.

Im Norden Deutschlands herrschte Heinrich weitgehend uneingeschränkt und trat hier sogar als Vertreter der Reichsgewalt auf. Die fast königliche Machtstellung, die Heinrich im Norden errang, steigerte sowohl das Ansehen als auch das Selbstbewusstsein des Herzogs. Über geltendes Recht setzte er sich auch gerne rücksichtslos hinweg und war einzig auf die Ausweitung seiner Macht bedacht.

Im Zentrum von Heinrichs Politik und Macht stand die Stadt Braunschweig. Diese Stadt sollte ein angemessen repräsentativer Ort für seine Herrschaft werden. Zunehmend entwickelte er Braunschweig zu einer festen Residenz, wie sie das deutsche Reisekönigtum damals noch nicht kannte.

Heinrich entfaltete in Braunschweig eine fleißige Bautätigkeit und gab der Stadtentwicklung entscheidende Impulse. Er gründete das Weichbild Hagen mit dem Burgbezirk und ließ seine Burg Dankwarderode wiederholt ausbauen. Größer und prächtiger als alle von Kaiser Friedrich Barbarossa errichteten Pfalzen sollte seine Burg werden. Im Hagen siedelte Heinrich Händler und Handwerker an und schuf so etwas wie ein mittelalterliches Industriegebiet. Die Stadt ließ er erstmals mit einer Mauer umgeben und errichtete eine Münzstelle. Als neue Stiftskirche ließ er den Dom St. Blasii errichten und auf dem Burgplatz den imposanten Burglöwen aufstellen. Allesamt Bauwerke, die noch heute für das Stadtbild und die Identität ihrer Bürgerinnen und Bürger prägend sind. Wer heute den Burgplatz betritt, muss aber bedenken, dass Heinrich dieses Ensemble nie vollendet gesehen hat. Burg und Dom waren Dauerbaustellen und blieben bis zu Heinrichs Tod unvollendet.

Von einer Pilgerreise ins Heilige Land brachte Heinrich Reliquien für seine neue Stiftskirche mit. Diese Reliquien, wie beispielsweise der sogenannte Apostelarm, lockten Pilger an und waren ein bedeutender Wirtschaftsfaktor im mittelalterlichen Braunschweig.

Der Ausbau und die Förderung der Stadtgemeinde führten zu einem raschen Wachstum und einer wirtschaftlichen Blütezeit der Stadt. Kaufleute erhielten Privilegien und die Bürgerschaft wurde bei einer frühen Form der Selbstverwaltung unterstützt. Mit etwa 10.000 Einwohnern zählte Braunschweig im 12. Jahrhundert zu den größten und bedeutendsten Städten im Deutschen Reich.

„Sie haben diese Stadt glanzvoll erhöht; der Ruf verkündet es über den ganzen Erdkreis. Sie haben die Stadt mit geweihten Kirchen und dem Reliquienschatz helfender Heiligen Glanz und

Ansehen geschenkt und sie mit weiten Mauern befestigt." Mit diesen Worten lassen Heinrich und seine zweite Ehefrau Mathilde sich im Widmungsgedicht des „Evangeliar Heinrichs des Löwen und Mathildes von England" preisen. Zusammen förderten Heinrich und Mathilde, die Schwester der englischen Königs Richard Löwenherz, auch Literatur, Wissenschaft und Kunst, was ihre Residenzstadt auf eine Ebene mit den anderen bedeutenden Höfen in England und Frankreich bringen sollte. Das von Heinrich in Auftrag gegebene Evangeliar, das sich heute in der Herzog August Bibliothek in Wolfenbüttel befindet, stellt eine der bedeutendsten Leistungen romanischer Buchkunst dar.

Diese Förderung der Kunst war nicht Selbstzweck, sondern sollte helfen das fürstliche Ansehen des Herzogs zu befördern. Geiz und Gier wurden Heinrich von seinen Zeitgenossen immer wieder vorgeworfen und lassen darauf schließen, dass der Herzog für seine Repräsentation viel Geld benötigte.

Bronzefigur von Heinrich dem Löwen mit einem Modell der Katharinenkirche in der Hand

„Henricus de Brunsvic sum leo." Ich, Heinrich von Braunschweig, bin der Löwe. Dies verkündete Heinrich stolz auf den von ihm geprägten Münzen, und auf einem Siegel Heinrichs prangt ein Löwe gut erkennbar als Wappen auf seinem Schild.

Aber woher erhielt Heinrich eigentlich den Beinamen „der Löwe"? In der Heinrichsage findet sich dazu folgende Erklärung: Bei einer Pilgerreise ins Heilige Land rettete Heinrich einen Löwen vor einem Drachen. Der dankbare Löwe folgte ihm treu nach Braunschweig und legte sich nach Heinrichs Tod auf dessen Grab, um dort selbst zu sterben.

Eine schöne Geschichte, die aber mit der Wirklichkeit nicht viel zu tun hat. Um 1200 waren 60% aller Tiere auf Wappenschildern Löwen, Heinrichs Wahl eines Löwen als Wappentier war also kein bemerkenswerter Vorgang.

Tatsächlich war der Name ein Ausdruck der militärischen Stärke und drückte die große Machtfülle des Herzogs aus. Der Chronist Helmold von Bosau berichtet, dass Heinrich seinen prägenden Beinamen auf dem Regensburger Hoftag 1156 erhielt. Als er neben der sächsischen auch die bayerische Herzogswürde erlangte, „wurde für ihn ein neuer Name geschafften: Heinrich der Löwe".

Über einen erfolgreichen Feldzug Heinrichs gegen die Slaven schreibt Helmold von Bosau: „Durch solche Taten wurden die Slaven gedemütigt und sie erkannten, dass der Löwe mächtig ist unter den Tieren und vor niemand umkehrt."

Dass vor einem Kaiser auch ein Löwe umkehrt, musste Heinrich in dem ab 1176 zunehmenden Konflikt mit Friedrich Barbarossa dann doch bald einsehen. Nach jahrelangen Kämpfen unterwarf sich Heinrich der Löwe 1181 und wurde für einige Jahre nach England ins Exil geschickt.

Heinrich der Löwe unterwirft sich Kaiser Barbarossa.

Zu keinem anderen Zeitpunkt in der Geschichte erreichte Braunschweig eine solche Bedeutung im politischen Geschehen des Abendlandes wie zur Zeit Heinrichs des Löwen. Und die Braunschweiger dankten es ihm durch all die Jahrhunderte mit Verehrung und Bewunderung.

1834 stiftete Herzog Wilhelm den „Herzoglich Braunschweigischen Orden Heinrichs des Löwen" für verdienstvolle Braunschweiger Untertanen und 1874 ließ die Stadt auf dem Hagenmarkt, dem Zentrum des von Heinrich dem Löwen gegründeten Hagen, den Heinrichsbrunnen aufstellen. Zur Wiederkehr des 800. Todestages des verehrten Herzogs wurde 1995 auf dem Burgplatz die Oper „Henrico Leone" aufgeführt. Die 1689 vom Italiener Agostino Steffani verfasste Oper ist größtenteils von der Heinrichssage inspiriert, verlegt aber den Handlungsort wider besseres Wissen nach Lüneburg, um den Interessen des hannoverschen Welfenhauses zu dienen. Bei der Aufführung in Braunschweig wurde dann aber natürlich historisch korrekt Braunschweig zum Handlungsort gemacht.

## POPULÄRER IRRTUM
## Schalk ohne Pointe

**Weltberühmt ist die Geschichte von Till Eulenspiegel, dem pfiffigen Schalk, der seine Mitmenschen ärgerte, reinlegte und ihnen den Spiegel vorhielt. Also ein Narr, wie er im Buche steht. Doch in wessen Buch genau und wie lustig ist der Narr tatsächlich gewesen?**

„Geboren uß dem Land zu Brunßwick" heißt es im Titel des bedeutsamen Volksbuches, das 1510 erschien und schnell zum nationalen Kulturgut wurde. Bis heute erfreuen sich Eulenspiegels Streiche großer Beliebtheit. In 280 Sprachen wurde die Geschichte bis heute übersetzt. Wer der Autor war, der im Titel „Ein kurzweilig Lesen von Dil Ulenspiegel" verspricht, konnte bis heute nicht eindeutig geklärt werden. Der Braunschweiger Zollschreiber Hermann Bote wird gern als Autor genannt und kommt auch durchaus dafür in Frage. Bewiesen ist dies aber nicht. Auch ob es den widerspenstigen Narren tatsächlich gegeben hat, ist umstritten.

Der Überlieferung nach wurde Till Eulenspiegel gegen Ende des 13. Jahrhunderts im Herzogtum Braunschweig, genauer im Dorf Kneitlingen am Fuße des Elm, geboren. In der dörflichen Gemeinschaft wurde es dem widerspenstigen Eulenspiegel schnell zu eng. Ein Handwerk wollte er nicht lernen, wird berichtet, und so zog er mit der Narrenkappe auf dem Kopf sowie mit Schnabelschuhen an den Füßen in die weite Welt. So zumindest stellen wir uns den pfiffigen Schalk vor. Diese typischen Narrenattribute kamen aber erst später hinzu. Ursprünglich wurde Eulenspiegel ohne sie dargestellt.

Eulenspiegel blieb nie lange an einem Ort. Er kam in eine Stadt, spielte einen Streich und zog wieder weiter. Sein gesamtes Leben war der Einzelgänger unterwegs. Auch in Braunschweig hat sich der Narr, von dem berichtet wird, dass er dreimal getauft und stehend begraben wurde, mehrfach aufgehalten und die

Bürger veralbert. Viel zu lachen hatten die Bürger damals aber nicht. Ehrlichen Handwerkern fügte er Schaden zu und redete sich dann damit heraus, dass er das, was ihm aufgetragen wurde, doch lediglich wortwörtlich genommen habe und deshalb für den entstandenen Schaden auch nichts könne. So geschehen bei einem Braunschweiger Bäcker. Eulenspiegel verdingte sich bei ihm als Geselle und erhielt vom Bäcker den Auftrag, die Nacht über zu backen. Als er fragte, was genau er denn backen solle, wurde der leicht erregbare Bäcker zornig und erwiderte im Spott: „Bist du ein Bäckergeselle und fragst erst, was du backen sollst? Was pflegt man denn zu backen? Eulen oder Meerkatzen!" Eulenspiegel nahm ihn beim Wort und backte tatsächlich die ganze Nacht nur Eulen und Meerkatzen. Als der Bäcker morgens in die Backstube kam, fand er zu seiner Überraschung keine Semmeln, sondern lauter Eulen und Meerkatzen. „Was soll ich nun mit dem Narrenzeug tun? Solches Brot ist mir zu nichts nütze. Ich kann das nicht zu Geld machen."

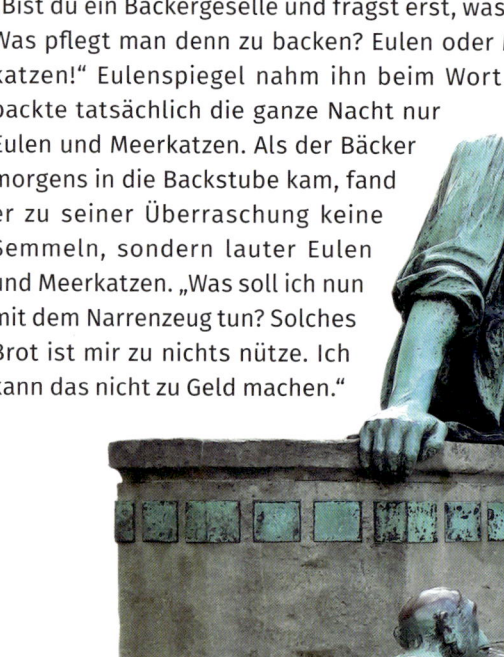

Eulenspiegel-Brunnen am Bäckerklint

Deshalb zwang er Eulenspiegel, ihm den verbrauchten Teig zu bezahlen. Eulenspiegel entschädigte den Bäcker, packte die Backwaren in einen Korb und verließ die Backstube. Überraschenderweise fanden die Braunschweiger Bürger Gefallen an dem seltsamen Gebäck und binnen kurzer Zeit hatte Eulenspiegel mit dem Verkauf der Eulen und Meerkatzen viel mehr Geld eingenommen, als er dem Bäcker für den Teig gezahlt hatte. Als der Bäcker hiervon erfuhr und sich nun auch noch die Kosten für das Brennholz erstatten lassen wollte, hatte Eulenspiegel die Stadt bereits verlassen. Gebackene Eulen und Meerkatzen kann man heute noch in einigen Braunschweiger Bäckereien bekommen.

Einem Braunschweiger Ledergerber spielte Eulenspiegel noch etwas übler mit. Auch dieser hatte den Fehler gemacht, ihn als Gesellen anzustellen. Auf die Frage, was für Holz er zum Sieden verwenden solle, antwortete der Gerber: „Was soll diese Frage? Wenn ich kein Holz in den Holzstapeln hätte, so hätte ich wohl noch so viele Stühle und Bänke, womit du das Leder gar machen könntest." Es wiederholte sich das bekannte Spiel. Eulenspiegel nahm den Gerber beim Wort. Er zerschlug alle Stühle und Bänke im Haus und steckte sie unter den Kessel. Anschließend zog er geschwind von dannen. Als das Unglück entdeckt wurde, fing die Frau des Gerbers an zu weinen, während ihr Mann zu ihr sagte: „Frau, hier ist Schlimmes zu sehen! Ich glaube, unser Geselle ist Eulenspiegel gewesen, denn er pflegt alles das zu tun, was man ihn heißet."

Notgeld der Braunschweiger Staatsbank aus dem Jahr 1921

Eulenspiegel log und betrog die Menschen, schiss wortwörtlich unter den Tisch, in die Badestube oder sogar in den Senf und manchmal war er schlicht und ergreifend bösartig. Dass er weder Grenzen noch Moral kannte, zeigte er bei einem Stiefelmacher auf dem Kohlmarkt. Überraschenderweise hatte hier nun einmal der Stiefelmacher Eulenspiegel beim Wort genommen und dessen Stiefel mit Speck „gespickt". Eulenspiegel rächte sich dafür, indem er dem Stiefelmacher die Fenster einschlug. Keine Pointe. Humor ist, wenn man trotzdem lacht?

In Braunschweig erinnert man sich trotzdem gerne an den berühmten Narr und errichtete ihm 1905 mit dem Eulenspiegel-Brunnen ein hübsches Denkmal. Der Brunnen steht im Bäckerklint, eben jener Straße, in der er dem Bäcker den berühmten Streich gespielt haben soll.

Nicht einmal die Verwüstungen des Zweiten Weltkriegs konnten Eulenspiegels Denkmal etwas anhaben. In der vollständig zerstörten Straße blieb nur der Brunnen unbeschädigt. Zusammen mit seinen Eulen und Meerkatzen saß der grinsende Eulenspiegel zwischen den Schuttbergen.

Im Jahr 2002 konnte Braunschweig beweisen, dass man seit Eulenspiegels Zeiten dazugelernt hat. Während Thomas Gottschalk vor 2000 Zuschauern in der Volkswagen Halle die 133. Ausgabe der Fernsehsendung „Wetten dass..?" moderierte, suchten hunderte Braunschweigerinnen und Braunschweiger auf dem Burgplatz ihre Schuhe. Die Stadtwette wurde von Nina Ruge moderiert, die ihre Jugend und Studienzeit in Braunschweig verbracht hatte. Angelehnt war diese Wette an eine weitere Sage Till Eulenspiegels. Unter dem Versprechen, ihnen einen tollen Seiltanztrick zu zeigen, luchste Eulenspiegel den Zuschauern ihre linken Schuhe ab, warf sie dann von oben allesamt in die Menge und löste so eine Rauferei aus. Die Geschichte spielte sich laut der Überlieferung zwar in Magdeburg und nicht in Braunschweig ab, aber das tat der Freude keinen Abbruch. Innerhalb von nur fünf Minuten gelang es 200 Braunschweigerinnen und Braunschweigern ihre jeweils linken Schuhe aus dem Schuhberg herauszufischen. Wette gewonnen!

**AHA!**

# Das Brandenburger Tor

**Es dürfte kaum jemanden geben, der das Brandenburger Tor nicht kennt. Ist doch das Berliner Wahrzeichen eines der bekannten deutschen Nationalsymbole. Aber was das Brandenburger Tor mit Braunschweig zu tun hat, das wissen nur wenige.**

Dabei war es ein Braunschweiger, dem das Tor überhaupt erst seine Existenz verdankte. Karl Wilhelm Ferdinand war nicht nur Herzog von Braunschweig, sondern auch Feldmarschall in preußischen Diensten. In dieser Funktion vertrauten ihm die preußischen Könige wiederholt den Oberbefehl über ihre Armee an. So auch 1787, als Wilhelmina, die Schwester des preußischen Königs Friedrich Wilhelm II., in den Niederlanden in Schwierigkeiten geraten war. Ihr Mann war als Statthalter von der Opposition (den „Patriotten") entmachtet worden und es drohte ein Bürgerkrieg, in den Preußen, Großbritannien und Frankreich hineingezogen werden konnten.

Im Auftrag des preußischen Königs marschierte Karl Wilhelm Ferdinand am 13. September 1787 mit 20.000 Soldaten in den Niederlanden ein, erreichte Amsterdam bereits am 1. Oktober und eroberte die einwohnerreichste Stadt der Niederlande binnen zehn Tagen. Aus Frankreich kam keine Hilfe. Damit war das Land vorerst befriedet und ein offener Bürgerkrieg abgewendet. Napoleon sah später in dieser diplomatischen Niederlage einen Hauptgrund für das Ausbrechen der Französischen Revolution. Der preußische König hingegen nahm diesen Sieg zum Anlass, um in den Jahren von 1789 bis 1793 das Brandenburger Tor mit der von Johann Gottfried Schadow modellierten Quadriga zu errichten.

Doch Karl Wilhelm Ferdinand lieferte nicht nur den Anlass für die Errichtung des Tores, einige Jahre später war er andererseits für den Verlust der Quadriga verantwortlich. Als Oberbefehlshaber der preußischen Truppen verlor er 1806 das Kräftemessen mit Napoleon in der Doppelschlacht bei Jena und Auerstedt. Der Kaiser der Franzosen konnte in der Folge ungehindert in Berlin einziehen und klaute die Quadriga vom Brandenburger Tor. Fast acht Jahre lang stand das Tor oben ohne da. Erst nach Frankreichs Niederlage 1814 wurde die Figurengruppe in Paris entdeckt und zurück nach Berlin gebracht. Die Rückkehr erlebte Karl Wilhelm Ferdinand nicht mehr. Er war bereits 1806 an den in Auerstedt erlittenen Verletzungen gestorben.

In Braunschweig steht das Reiterstandbild Karl Wilhelm Ferdinands zusammen mit dem seines Sohnes Friedrich Wilhelm seit 2007 wieder vor dem Braunschweiger Schloss, welches ebenfalls

Brandenburger Tor in Berlin

Reiterdenkmal Karl Wilhelm Ferdinands vor dem Braunschweiger Schloss

von einer Quadriga gekrönt wird. Gelenkt wird die Quadriga in Braunschweig von Brunonia, der allegorischen Schutzpatronin der Stadt und mit einer Höhe von 9,20 Metern, 7,50 Metern Breite und 9,50 Metern Länge ist sie nicht nur deutlich größer als ihre Verwandte in Berlin, sie ist damit in ganz Deutschland die größte. Sowohl die Reiterstandbilder als auch die Quadriga wurden vom Braunschweiger Erzgießer und Kupfertreiber Georg Howaldt hergestellt. Die Standbilder wurden erstmals im Jahre 1874 aufgestellt, die Quadriga krönte bereits 1863 das Braunschweiger Residenzschloss.

Entworfen wurde die Braunschweiger Quadriga vom Bildhauer Ernst Rietschel, der wie Johann Gottfried Schadow Mitglied der Akademie der Künste in Berlin war.

# Erst rechnen, dann sprechen

**Mathematiker, Physiker, Astronom oder für viele schlicht der freundlich schauende Mann vom Zehn-Mark-Schein. Carl Friedrich Gauß war einer der letzten Universalgelehrten und vielleicht der klügste Braunschweiger, der je gelebt hat.**

Legendär ist die Anekdote darüber, wie der neunjährige Carl Friedrich Gauß schnell und clever eine Matheaufgabe seines Lehrers löste. Gauß und seine Klassenkameraden sollten die Zahlen von 1 bis 100 addieren, damit wären die Kinder eine Weile beschäftigt dachte der Lehrer. Doch er hatte sich verrechnet, denn der junge Gauß entdeckte einen Trick, der ihm das umständliche Addieren von hundert Zahlen ersparte. Er ordnete im Kopf die hundert Zahlen einfach paarweise an. 1+100, 2+99, 3+98, 4+97, …, 50+51. Die 50 Zahlenpaare ergeben jeweils 101 – also war die gesuchte Summe 50 x 101 = 5050, die als einzige Zahl auf seiner Schreibtafel stand. Das elegante Verfahren, mit dem er die Lösung so rasch im Kopf errechnete, wird heute Gaußsche Summenformel genannt.

Zehn-Mark-Schein mit Gauß. Links von ihm finden sich Gebäude des historischen Göttingen und davor ist die von ihm entwickelte Gaußsche Normalverteilung dargestellt

Rund zwei Jahrtausende lang glaubte die Mathematik, Euklids Grundsätze der Geometrie seien absolut korrekt. Einer dieser Grundsätze sagt, dass zu jeder Geraden durch jeden Punkt, der nicht auf ihr liegt, in der Ebene exakt eine einzige Parallele läuft, also eine weitere Gerade, mit der sich die erste niemals schnei-

det. Diesem Gedanken misstraute Gauß bereits mit zwölf Jahren und einige Jahre später konnte er zeigen, dass das eben nicht so sein muss. Auf der Kugel zum Beispiel hat jede Gerade, die da ein Großkreis ist, überhaupt keine Parallele, und in der hyperbolischen Geometrie hat sie unendlich viele Parallelen. Als „paranoia geometrica" wurde das zunächst verspottet, bevor die Erkenntnis sich durchsetzen konnte.

Er habe Rechnen vor dem Sprechen gelernt, soll Gauß einmal über sich selbst gesagt haben. Man glaubt es ihm sofort. Geboren wurde Gauß 1777 in Braunschweig und bereits als Dreijähriger soll er seinen Vater bei der Lohnabrechnung korrigiert haben. Als Jugendlicher beeindruckte er dann den Braunschweiger Herzog Karl Wilhelm Ferdinand mit seinem Wissen, der fortan fleißig Gauß' Karriere förderte. So konnte Gauß am Collegium Carolinum in Braunschweig studieren und seine Fähigkeiten weiterentwickeln. Gauß dankte es dem Herzog später, indem er ein Angebot der Petersburger Akademie der Wissenschaften ablehnte und in Braunschweig forschte. Nach dem plötzlichen Tod des Herzogs 1806 wurde Gauß im November 1807 Professor an der Georg-August-Universität Göttingen und Direktor der Sternwarte Göttingen. Seine Berechnungen hatten bereits 1801 die Wiederentdeckung und Bestätigung des Zwergplaneten Ceres ermöglicht.

Seine Gedanken zur Normalverteilung sind bis heute Teil eines jeden Mathematikbuchs, und viele mathematisch-physikalische Phänomene und Lösungen sind nach ihm benannt. Zusammen mit Alexander von Humbold erforschte Gauß den Erdmagnetismus, las Bücher aus mindestens neun verschiedenen Sprachen und telegrafierte zusammen mit Wilhelm Weber die erste Botschaft der Welt – der Grundstein der modernen Telekommunikation.

1849 wurde Gauß wegen seiner Verdienste zum Ehrenbürger der Stadt Braunschweig ernannt. Er starb 1855 in Göttingen, wo sich auch sein Grab befindet. Dafür wurde der Mathematiker und Gaußschüler Richard Dedekind in Braunschweig 1916 mit einem Ehrengrab gewürdigt.

Statue am Gaußberg

Dedekind, 1831 in Braunschweig geboren, studierte Mathematik zunächst wie Gauß am Collegium Carolinum in Braunschweig, bevor er sein Studium in Göttingen fortsetzte, wo er 1852 als letzter Schüler bei Carl Friedrich Gauß promovierte.

Dedekind beschäftigte sich intensiv mit der Frage nach der Natur der Zahlen und verfasste 1888 auch ein Buch mit dem Titel „Was sind und was sollen die Zahlen?". Auch an der Herausgabe der Werke seines Doktorvaters Carl Friedrich Gauß war er beteiligt. Von 1862 bis zu seiner Emeritierung im Jahre 1894 war er Professor für Mathematik in Braunschweig. Wiederholte Rufe an angesehene Universitäten zu wechseln, lehnte er aus enger Verbundenheit zu seiner Familie in Braunschweig ab.

Auf einen Mark-Schein schaffte Dedekind es nicht, dafür 1981 auf eine Briefmarke der DDR. Eine Ehre, die auch Gauß in West- (1955) und Ostdeutschland (1977) zu teil geworden ist.

### Nobelpreisträger

Carl Friedrich Gauß war schon lange tot, als 1901 in Stockholm und Oslo die ersten Nobelpreise verliehen wurden. Und selbst wenn er ein biblisches Alter erreicht hätte, für das Fach Mathematik gab und gibt es keinen Nobelpreis. Dafür wurden vier Braunschweiger und eine Braunschweigerin auf anderen Gebieten mit ihm geehrt.

Die Liste der Preisträger, die in Braunschweig geboren, gelernt, geforscht oder gelehrt haben:

| | |
|---|---|
| Manfred Eigen | Chemie (1967) |
| Karl von Frisch | Physiologie oder Medizin (1973) |
| Georg Wittig | Chemie (1979) |
| Klaus von Klitzing | Physik (1985) |
| Emmanuelle Charpentier | Chemie (2020) |

## POPULÄRER IRRTUM

# Mumme muss mit

**„Ihr kommt ganz recht! Hier ist der Schank von Braunschweigs weltberühmtem Trank." So begrüßt eine Wirtin in Anna Schultz-Klies kleinem Mumme-Drama ihre Gäste. Weltberühmt war die Mumme tatsächlich, und trotzdem war sie in ihrer Braunschweiger Heimat fast schon vergessen. Kein Wunder, dass vieles vom dem, was man sich heute in Braunschweig über die Mumme erzählt, eher Folklore als Fakt ist.**

Einst zählte die Braunschweiger Mumme zu den wichtigsten Wirtschafts- und Handelsprodukten der Stadt und machte den Namen Braunschweig auf der ganzen Welt bekannt. Erfunden haben soll sie ein Brauer namens Christian Mumme, der am Alten Petritor 2 wohnte und sie erstmals 1492 oder 1498 braute.

Doch gehört diese Geschichte ins Reich der Legenden. Einen Erfinder namens Mumme hat es mit hochprozentiger Wahrscheinlichkeit nie gegeben und die Mumme ist auch deutlich älter als es in dieser Geschichte berichtet wird. Erstmals schriftlich erwähnt wird die Mumme nämlich in einer Rechnung der Stadt Braunschweig zum Auctorfest des Jahres 1390. Der Ausschank beim Fest zu Ehren des Stadtheiligen St. Auctor lässt annehmen, dass die Mumme schon damals ein beliebter Trank war und also deutlich älter als 1390 sein muss.

Aber was genau war die Mumme eigentlich? Kurz gesagt war Mumme die Bezeichnung für das Braunschweiger Bier ganz allgemein. Es gab unzählige Brauereien in Braunschweig und dementsprechend auch unterschiedliche Ausprägungen. Der Wolfenbütteler Arzt und Naturforscher Franz Ernst Brückmann beschreibt die Mumme 1736 folgendermaßen: „Die Mumme ist ein edles, alkoholhaltiges, magenstärkendes Bier, dem Einbecker Bier am nächsten stehend, aber etwas dicker, im Geschmack jedoch jenem völlig gleich." Der Vergleich mit dem Einbecker Starkbier, damals das berühmteste Bier seiner Zeit, spricht für die Beliebtheit der Mumme. Mumme war also keine einzelne Marke, sondern bezeichnete sowohl das dunkle als auch das helle Braunschweiger Bier. Das helle Bier wurde überwiegend für den regionalen Verzehr gebraut, während das dunkle Bier exportiert wurde. Um die Haltbarkeit der Mumme zu verlängern, wurde der Alkoholgehalt verdoppelt und es entstand die „Schiff-Mumme". Braunschweiger Mummehändler lieferten die Fässer bis nach Bremen und Hamburg, verkauften sie dort an die ortsansässigen Fernhändler, die die Mumme dann in die ganze Welt verschifften. Aufgrund der langen Haltbarkeit und des hohen Nährwertes war die Mumme ein wichtiger Aspekt der Ernährung auf langen Schiffsreisen. Bei Brückmann heißt es dazu: „Sie ist ein so haltbares Getränk, daß sie den Äquator, ohne irgendwelche Änderung oder Verderbnis zu erleiden, ohne sauer noch kahmig zu werden, passieren und ohne Gefährde nach beiden Indien verschifft werden kann."

Brückmann berichtet auch von der sogenannten „Mumme-Probe", mit der die Braunschweiger Brauer die Qualität ihres Produktes sicherstellen wollten. Ein wenig Mumme wurde dafür auf einen Stuhl oder Schemel gegossen und verstrichen. Anschließend musste sich jemand daraufsetzen und sofort wieder aufstehen. Klebte die Sitzgelegenheit nun an seinem Hintern, war die Qualität der Mumme einwandfrei. Wie bereits die Namensherkunft gehört auch die „Mumme-Probe" zu den unbewiesenen bzw. widerlegten Legenden, die sich um die Mumme ranken. Genau wie das Gerücht, dass das irische Guinness seinen Geschmack nur dem Verrat eines Braunschweiger Brauers verdanke.

Keine Legende ist die Jahrhunderte währende Beliebtheit der Mumme in Braunschweig sowie der Stolz der Bürgerinnen und Bürger auf dieses Produkt. Als im Jahre 1718 in Braunschweig auf dem fürstlichen Theater die Oper „Heinrich der Vogler" aufgeführt wurde, sang der Schauspieler Rüdel das beliebte Volkslied „Brunswiek, du leiwe Stadt" und hielt dabei wie selbstverständlich in der einen Hand eine Wurst und in der anderen ein Glas mit Mumme.

> **Dabei trällerte er:**
> „Brunswiek, du leiwe Stadt,
> vor vel dusent Städen,
> dei sau schöne Mumme hat,
> dar ik Worst kann freten."
>
> „Braunschweig, du liebe Stadt,
> unter Tausenden von Städten,
> die so schöne Mumme hat
> wo ich Wurst kann essen."

Aufgrund ihres großen Erfolges wurde die Mumme bald in vielen Städten und Regionen gebraut. Die „Braunschweiger Mumme" war aber belegbar die erste und genoss auch weiterhin einen herausragenden Ruf. Charakteristisch für die Schiff-Mumme, die bekannteste Mumme-Variante, war ein starker Malzgehalt, der die dunkelbraune Farbe sowie die zähe Dickflüssigkeit bewirkte. Im Mumme-Drama heißt es über den Vergleich von Mumme und dem Duckstein-Bier aus Königslutter: „Kann sein, weil ich gewöhnt an Mumme bin: Mich dünkt, er schmeckt – ein bißchen gar zu dünn!" Anna Schultz-Klies' Geschichte spielt gegen Ende des 19. Jahrhunderts in der Schankwirtschaft des 1588 am Bäckerklint 4 errichteten Mummehauses, einem prächtigen Patrizierhaus im Stil der Renaissance. Zu diesem Zeitpunkt gab es in Braunschweig nur noch zwei Brauereien, die Mumme herstellten: Nettelbeck in der Beckenwerkerstraße und Franz Steger im genannten Mummehaus. Doch die Mumme dieser Zeit hatte schon nichts mehr mit dem ursprünglichen Produkt zu tun. Qualitätsverlust und Konkurrenz durch das nun ebenfalls sehr haltbare helle Bier ließen die Mumme bereits im 18. Jahrhundert zunehmend in die wirtschaftliche Bedeutungslosigkeit absinken. Dies führt zu einer grundsätzlichen Veränderung der „Braunschweiger Mumme". Sie wurde

Stammhaus der Mummebrauerei Franz Steger um 1929

vom Starkbier zum alkoholfreien Malzgetränk, dessen medizinische Wirkung in den Vordergrund trat. Nun wurde die Mumme als Stärkungs- und Kräftigungsmittel beworben. Nach über 600 Jahren der Mummeherstellung in Braunschweig existiert heute nur noch die Mummebrauerei H. Nettelbeck KG, die seit 1949 ihren Sitz im Stadtteil Stöckheim hat. Seit der 1. Braunschweiger Mumme-Meile im Jahr 2006 erfreut sich Braunschweigs Kultgetränk wieder steigender Beliebtheit und folgerichtig gibt es seit 2008 auch wieder eine alkoholhaltige Variante der „Braunschweiger Mumme". Diese wird aber nicht mehr in Braunschweig, sondern in einer Klosterbrauerei gebraut.

Mummedose mit dem alkoholfreien Malzextrakt

# Revolte gegen den Diamantenherzog

**Bei Aufständen denken viele sicherlich eher an den Sturm auf die Bastille, den Fenstersturz in Prag oder den Sturm auf den Winterpalast in St. Petersburg als an das beschauliche Braunschweig. Und doch ging es hier in der Nacht des 7. September 1830 hoch her. Die Braunschweiger vertrieben ihren Herzog Karl II. vor den Augen seines eigenen Militärs aus der Stadt und steckten dessen Residenzschloss in Brand. Ein im Deutschen Bund einmaliges und für die damalige Zeit schlicht schockierendes Ereignis. Wie hatte es soweit kommen können?**

Nach dem Tode seines Vaters bei der Schlacht bei Quatre-Bras, einem Vorgefecht der Schlacht bei Waterloo, trat Karl als Zehnjähriger dessen Nachfolge an, konnte aber aufgrund seines Alters natürlich noch nicht regieren, weshalb testamentarisch festgelegt war, dass der englische König die Vormundschaft und Regentschaft übernehmen sollte. Leider erwies Karl sich schnell als schwieriges Kind. Seinen Lehrern und Erziehern gab er Spottnamen und spielte ihnen derbe Streiche. Die ungeliebte Vormundschaft versuchte Karl zum frühestmöglichen Zeitpunkt abzuschütteln und mit Beginn seines 18. Lebensjahres die Regierung im Herzogtum Braunschweig zu übernehmen. Als Karl II. bestieg er am 30. Oktober 1823 den Thron in Braunschweig, versprach aber, sich in den folgenden drei Jahren aus dem Regierungsgeschehen hinauszuhalten.

Im April 1826 begann der junge Herzog dann verstärkt in die Regierungsgeschäfte einzugreifen und prompt kam es zu Spannungen. Aus Angst vor der bekannten Rachsucht Karls floh einer seiner Minister aus Braunschweig und trat in hannoversche Dienste. Der erzürnte Herzog erließ umgehend einen Steckbrief gegen seinen untreuen Minister. Gleichzeitig ließ er den Schauspieler Heinrich Maar gewaltsam aus Hannover entführen und im herzoglichen Hoftheater auftreten. Auch mit seinem ehemaligen Vormund Graf Münster lag Karl im Clinch, der sich gegen Karls Anschuldigungen publizistisch zur Wehr setzte. Karl fühlte sich in seiner Ehre gekränkt und forderte Münster zum Duell. Ein für einen Monarchen natürlich absolut unangemessenes Ansinnen.

„Euer Oker-Charly, der ist völlig lost", heißt es dazu passenderweise in einem Musical der Jazzkantine. „Oker-Charlys" Ansehen bei seinen Untertanen verschlechterte sich zusehends. Im Umgang mit seinen Beamten war er unhöflich und herrisch und seinen Soldaten kürzte er kurzerhand den Sold. Er selbst hingegen liebte den Luxus und zeigte diesen auch gern. Für Juwelen gab er Unsummen aus, weswegen die Braunschweiger ihn despektierlich „Diamantenherzog" nannten. Anstatt um die Regierungsgeschäfte kümmerte Karl sich lieber ums Theater und hier insbesondere um die Schauspielerinnen. Seine Frauengeschichten waren Stadtgespräch.

Als sich im Sommer 1830 die finanzielle Situation vieler Bürger durch einige Missernten zuspitzte, blieb er ebenfalls untätig und unternahm stattdessen eine Reise nach Paris.

Am Abend des 13. August kehrte Karl nach Braunschweig zurück, wo er eisig empfangen wurde. Zwar hatte der Tross des Herzogs zahlreiche Menschen vor das Schloss gelockt, doch in das Lebehoch der Fackelträger stimmte kaum jemand ein und als der Herzog auf dem Balkon die Ovationen seiner Untertanen entgegennehmen wollte, blickte er auf eine regungslose und schweigende Menge hinab. Der Ruf der Fackelträger verhallte einsam in der Nacht und Karl zog sich eilig wieder in sein Schloss zurück.

Als Karl am Abend des 6. September eine Theatervorstellung besuchte, wurde er beim Verlassen des Gebäudes angegriffen und seine Kutsche mit Steinen beworfen. Auf der Fahrt zurück zum Schloss versuchten mehrere Menschen die Kutsche aufzuhalten, vor dem Haupttor des Schlosses kamen etwa 500 Menschen zusammen und riefen lautstark nach Brot und Arbeit. Karl setzte Kavallerie ein, um den Bereich räumen. Daraufhin wütete

Brand des Braunschweiger Schlosses, Lithografie von Pirscher aus dem Jahr 1839

die Menge in der Stadt: zerstörte Straßenlaternen und warf die Scheiben des Hauses seiner Mätresse ein.

Aus Angst vor weiteren Unruhen ließ der Herzog etwa 1300 Soldaten um das Schloss herum zusammenziehen und postierte Kanonen auf dem Schlossplatz. Neue Demonstrationen konnten aber auch die deutlich sichtbaren Kanonen nicht verhindern. Am Abend hatte sich erneut eine große Menge von Aufrührern und Schaulustigen vor dem Schloss versammelt. „Der Lausejunge soll herauskommen", riefen sie. Dieser lief wild gestikulierend mit blankem Säbel im Schloss umher und wusste nicht, was er tun sollte.

Als die mit Knüppeln bewaffneten Demonstranten bemerkten, dass das Militär nicht ernsthaft daran interessiert war, sie aufzuhalten, hebelten Sie das Schlosstor auf und drangen auf den Schlossplatz vor. Mit brennenden Kerzen rannten sie ins Kanzleigebäude und steckten von hier aus das Schloss in Brand. Während das Feuer sich ausbreitete, plünderte die aufgebrachte

Menge das Schloss und einige adlige Bürger durchsuchten Karls Gemächer nach belastenden Unterlagen. Als Karl erfuhr, dass die Menge den Zaun überwunden hatte, flüchtete er in seiner Reisekutsche. Auf dem Weg durch die nächtliche Stadt leuchtete der mächtige Feuerschein des brennenden Schlosses ihm den Weg. „Das Hoftheater soll von jetzt ab nicht mehr spielen", soll er auf der Fahrt ausgerufen haben.

Bis heute ist nicht eindeutig geklärt, ob es sich bei diesem Aufstand um einen spontanen Zornesausbruch der Bevölkerung gehandelt hat oder ob Karl einer Verschwörung Braunschweiger Honoratioren zum Opfer fiel.

Vom Militär verlassen wandte Karl sich in Proklamationen an sein Volk und machte ihm abenteuerliche und revolutionäre Versprechungen, die nun auch die anderen deutschen Fürsten gegen ihn aufbringen mussten. Im Mai 1931 stellte der Deutsche Bundestag in Frankfurt die Regierungsunfähigkeit Karls fest und erklärte seinen Bruder Wilhelm zu dessen Nachfolger. Damit war Karl der erste deutsche Monarch, der durch einen Aufstand von seinem Thron gestoßen wurde.

Mit seiner Absetzung konnte Karl sich sein Leben lang nicht abfinden. Als er 1873 in Genf starb, fanden sich in seinem Nachlass 5000 Uniformen, 1000 Gewehre und weitere Ausrüstungsgegenstände, mit denen er die Rückeroberung seines Herzogtums geplant hatte.

Grab des Herzogs Karl II. von Braunschweig in Genf

# Rettet die deutsche Sprache

**Die Frage, was gutes Deutsch ist und wie viele Fremdwörter die deutsche Sprache verträgt, erhitzt die Gemüter der Deutschen schon so lange wie sie sprechen können. Bei der langen geisteswissenschaftlichen Tradition Braunschweigs ist es kein Wunder, dass sich auch hier einige Männer zu Sprachbewahrern berufen fühlten.**

So wie der Pädagoge Joachim Heinrich Campe. Ehrenbürger der Französischen Republik und gleichzeitig Gegner französischer Fremdwörter im Deutschen.

Eigentlich war Campe 1781 von Herzog Karl Wilhelm Ferdinand nach Braunschweig gerufen worden, um das Schulwesen des Herzogtums zu reformieren. Campe stand für eine aufgeklärte, moderne Pädagogik. Nicht Befehl und Gehorsam sollten den Gang des Unterrichts bestimmen, sondern zugewandte Lehrer, die Stoff und Methode dem jeweiligen Entwicklungsstand des Kindes anpassen. Dafür lobte sogar Goethe ihn: „Campe hat den Kindern unglaubliche Dienste geleistet. Er ist ihr Entzücken und ihr Evangelium." Doch Campes Schulreform scheiterte am Widerstand der Kirchen- und Schulbehörden.

Oft krank, häufig depressiv, jedoch ungemein produktiv soll Campe gewesen sein. In Braunschweig gründete er die „Braunschweigische Schulbuchhandlung" und studierte verstärkt die deutsche Sprache. Noch vor Konrad Duden gab Campe ein großes Wörterbuch der deutschen Sprache heraus. Darin bemühte er sich unter anderem, französische Fremdwörter durch deutsch klingende Wörter zu ersetzen. Viele von Campes Wortneuschöpfungen gehören heute zum täglichen Sprachgebrauch: Erdgeschoss (statt Parterre), Hochschule (statt Universität), Lehrgang (statt Kursus), Gebärdensprache (statt Pantomime), Blutkreislauf (statt Zirkulation) und viele weitere. Für den Soldaten hatte Campe sich das Äquivalent „Menschenschlachter" ausgedacht. Ein Vorschlag, der sich bis heute nicht durchgesetzt hat. Auch Campes Überarbeitung von Goethes „Iphigenie auf Tauris" stieß auf wenig Gegenliebe. Der Dichter verspottete Campe als „die Waschfrau von der Oker".

Den Vorkämpfer für die Reinheit der deutschen Sprache motivierte nicht Nationalismus, sondern Aufklärung. Sein Bemühen, schwer verständliche Fremdwörter durch gängige deutsche Wörter zu ersetzten, sollte Ungebildete in die Lage versetzen, sich besser an politischen Diskussionen zu beteiligen.

Möglicherweise erinnerte sich Oberbürgermeister Dr. Gert Hoffmann an diese Braunschweiger Tradition der Sprachpflege, als er sich 2004 zum Retter der Rechtschreibung aufschwang. Vorausgegangen war dem Ganzen ein jahrelanger Streit um die Einführung neuer Rechtschreibregeln für die deutsche Sprache, in dessen Verlauf sogar die Zeitschrift Spiegel titelte: „Schwachsinn Rechtschreibreform – Rettet die deutsche Sprache". Und genau dies wollte Hoffmann nun tun. Entsprechend einer Erklärung Hoffmanns kehrte die Braunschweiger Stadtverwaltung im August 2004 zu den alten Rechtschreibregeln zurück – als einzige Stadt Deutschlands. Laut Hoffmann sollte dies als Zeichen der kommunalen Ebene, die den Bürgerinnen und Bürgern am nächsten sei, verstanden werden und den Prozess einer vollständigen Rücknahme der Reform beschleunigen.

Dafür wurde Hoffmann von der Bild-Zeitung mit dem sogenannten „BILD-Orden – Retter der deutschen Sprache" geehrt und auch der niedersächsische Ministerpräsident Wulff gehörte zu den Befürwortern einer Rücknahme der Reform.

Doch der Braunschweiger Vorstoß fand bei den anderen großen Städten kein positives Echo und am 8. Oktober 2004 beschlossen die deutschen Ministerpräsidenten einstimmig die termingerechte Einführung der neuen Rechtschreibung.

Im August des Jahres 2005 entschied man dann auch im Braunschweiger Rathaus, den Kampf mit den orthografischen Windmühlen aufzugeben und sich prinzipiell nach der neuen Rechtschreibung zu richten.

Joachim Heinrich Campe um 1790

# Als Braunschweig mit der Post kam

**Dank der Braunschweiger Postgeschichte ist Braunschweig in den Sammelalben der Briefmarkenfreunde bis heute als eigenständiges Gebiet präsent.**

Wollte man im Braunschweig des 17. Jahrhunderts einen Brief aufgeben, so übergab man ihn der Fürstlich-Braunschweigischen Landespost. Diese hatte sich hier gegen die bekannte Reichspost von Thurn und Taxis durchgesetzt. Als Ortsangabe für die Briefaufgabe reichte eine handschriftliche Notiz auf dem Brief.

Während der Besetzung durch Frankreich in den napoleonischen Kriegen (Franzosenzeit) wurden 1808 die ersten Poststempel eingeführt und als das Herzogtum Braunschweig am 5. Dezember 1851 dem Deutsch-Österreichischen Postverein beitrat, wurde es wiederum Zeit für eine revolutionäre Neuerung. Mit dem Eintritt in den Postverein hatte man sich verpflichtet, eigene Postwertzeichen auszugeben und so erfolgte mit Anbruch des Jahres 1852 die Ausgabe der ersten Braunschweigischen Briefmarken. Gestaltet und gedruckt wurden die Briefmarken in der Stadt Braunschweig. Die Auflage betrug 150.000 Stück. Unterwegs waren die Postillione der Herzoglich-Braunschweigischen Post übrigens in den Landesfarben blau und gelb.

Drei Briefmarken waren nun erhältlich zu je 1, 2 und 3 Silbergroschen. Das reichte, um alle wichtigen Posttarife hinsichtlich Entfernung und Gewicht abzudecken. Gedruckt wurden die Marken auf gelblichem Papier mit rötlicher Gummierung, der Verkauf an den Postschaltern erfolgte ausschließlich in waagerechten Zehner-Streifen. Per Hand mussten sie dann aus den Bogen geschnitten werden. Neben dem Landesnamen und der entsprechenden Wertangabe zeigen alle Marken das gleiche Bild.

Nicht etwa den Burglöwen oder einen anderen Löwen wählte man als Motiv, sondern das Sachsenross. Das Motiv wurde bei allen folgenden Braunschweiger Briefmarkenserien beibehalten.

Die letzte Briefmarkenserie Braunschweigs wurde am 1. Oktober 1865 ausgegeben. Insgesamt zwanzig Braunschweiger Briefmarken wurden von 1852 bis 1865 ausgeben, die alle nur bis zum 31. Dezember 1867 gültig waren. Denn am 1. Januar 1868 trat das Herzogtum Braunschweig dem Norddeutschen Bund bei, wodurch das braunschweigische Postgebiet in dem des Norddeutschen Bundes aufging. Ab diesem Tag konnte keine braunschweigische Briefmarke mehr verwendet werden.

Ganz verschwand Braunschweig aber nicht von den Briefmarken. Der Burglöwe wurde seitdem immer mal wieder für die Gestaltung einer Briefmarke verwendet, wovon die seit 1990 ausgegebene 5-Pfennige-Dauermarke der Deutschen Bundespost sicherlich die bekannteste ist. Zum 250-jährigen Bestehen der Technischen Universität Braunschweig wurde am 9. März 1995 eine Sonderbriefmarke mit einem digitalen Burglöwen ausgegeben.

Briefmarke der Deutschen Bundespost mit dem Burglöwen

# „Hei Minna"

**Mitte des 18. Jahrhunderts gab es in Braunschweig offiziell 354 Bierbrauer, jedoch dürften unter der Mehrzahl dieser Brauer nur jene Bürger verstanden worden sein, die eine Brauberechtigung für ihr eigenes Grundstück besaßen und daher nur für den Hausgebrauch und die Nachbarschaft gebraut haben.**

Neben 53 Braumeistern mit Brauerknecht wurden noch 13 „Bierbrauer mit Handlung" aufgeführt. Nur diese 13 dürften das Recht zum eigentlichen Biervertrieb besessen haben. Ihr Bier wurde aber wohl überwiegend für die 14 Gastwirte in der Stadt gebraut, so dass – anders als zu den glorreichen Zeiten der Braunschweiger Mumme – der Bierexport wirtschaftlich keine Bedeutung mehr für den Braunschweiger Handel besessen hat.
Wie fleißig die Braunschweigerinnen und Braunschweiger dem Gerstensaft damals schon zugesprochen haben, zeigt das schöne Volkslied, in welchem sich im Refrain über gepanschtes Bier beschwert wird und in dem es weiter heißt:

> „Hei Minna, Minna, Minna hast mick Water in edan,
> ick sah dick gestern Abend an de Pumpe rumme stahn"
> [...]
> „den ganzen Dag bist du besopen
> un abends most du slapen"

Bereits im Jahr 1880 gab es nur noch zehn Brauereien in der Stadt, von denen nur das Hofbrauhaus Wolters bis heute überlebt hat. Der Grundstein für die Brauerei Wolters wurde bereits 1627 mit dem Erwerb der Brauereirechte für das Haus Güldenstraße 7 (späteres Haus zur Hanse) gelegt. Als 2005 der damalige Eigentümer InterBrew Braunschweigs Traditionsbrauerei schließen wollte,

gingen die trinkfreudigen Braunschweigerinnen und Braunschweiger hart ans Glas und starteten zahlreiche Aktionen zur Rettung der Brauerei. Im Internet organisierten sich Gruppen, um Unterschriftenaktionen zu starten, und in etlichen Braunschweiger Diskotheken und Kneipen fanden Rettet-Wolters-Partys statt. Die Rettung gelang und als Privatbrauerei knüpft Wolters seitdem an die goldenen Zeiten der Marke an.
Die bekannte Losung „Wolters oder Wolters nicht" gehört in Braunschweigs Kneipen zum guten Ton, offizieller Slogan der Brauerei war sie aber nie.

Eintracht-Spieler Mirko Boland feiert den Aufstieg mit einem Tablett Wolters Bier

# Feuersäule auf der Bühne

**Seit seiner Eröffnung 1690 war das im ehemaligen Rathaus am Hagenmarkt untergebrachte Hoftheater ein Flaggschiff der Braunschweiger Kultur. Bekannte Schriftsteller, angesehene Schauspieler und adlige Besucher gaben sich hier die Klinke in die Hand. Den Abend des 20. Januar 1856 dürfte aber niemand, der dabei gewesen ist, je vergessen haben.**

An diesem Abend wurde das Zauberspiel „Aladin oder die Wunderlampe" gegeben, für das die erst 19-jährige Prima Ballerina Charlotte Leinsitt engagiert worden war. Zusammen mit ihrer Mutter war die junge Frau aus ihrer Heimatstadt Wien angereist und hatte mit ihrer Grazie und ihrem bezaubernden Wesen schnell die Braunschweiger Herzen gewonnen.

An jenem schicksalhaften Abend tanzte sie nach einem Amazonenmarsch noch einen eingelegten Pas und trat danach zur Seite, um sich den Fortgang des Stückes anzusehen. Dabei kam sie den Lampen zu nahe, ein Luftzug bewegte ihre Kleider, die aus Gaze waren, und das Verhängnis nahm seinen Lauf. Den Zuschauern in den ersten Reihen bot sich ein grauenhafter Anblick. Binnen weniger Sekunden stand die Tänzerin einer Feuersäule gleich in Flammen.

Im Saal und auf der Bühne brach Panik aus. Die anderen Tänzerinnen sprangen weg, aus Angst selbst ein Opfer der Flammen zu werden und die am nächsten stehenden Männer waren vor Schreck wie gelähmt. Genau wie die Unglückliche selbst, die sich selbst nicht bewegte und nicht wusste, wie ihr geschah. Aus Panik schlug sie ausgerechnet einem Kulissenschieber, der als einziger nicht den Kopf verlor und die Flammen durch eine Umarmung ersticken wollte, so kräftig ins Gesicht, dass er von ihr ablassen musste.

Noch zwei Tage litt die junge Tänzerin Qualen, dann erlag sie den Brandwunden. Wie ein Lauffeuer hatte sich die Tragödie in

Stadt und Land verbreitet, und als Charlotte in Braunschweig beigesetzt wurde, war die Anteilnahme so groß, dass gar nicht alle Trauergäste einen Platz auf dem Friedhof fanden.

Charlotte Leinsitt war nicht die einzige, der ihr Kleid zum Verhängnis wurde. Schätzungen gehen davon aus, dass allein in England in den Fünfzigern und Sechzigern des 19. Jahrhunderts 3000 Frauen starben, weil gewaltige Kleider in Brand geraten waren.

Es war unter anderem dieses tragische Ereignis, das den Anstoß für einen Neubau des veralteten Theaters gab, sodass am 1. Oktober 1861 das Herzogliche Hoftheater am Steinweg in seiner heute bekannten Form eröffnet wurde.

Charlotte Leinsitt im Porträt, von Adolf Dauthage

# Braunschweig. Eine Zeitreise

**1031** — Erste Erwähnung des Namens Braunschweig („Brunesguik") im Weiheprotokoll der Kirche St. Magni durch den Bischof von Halberstadt.

**1117** — Sachsenherzog Lothar von Süpplingenburg (ab 1133 Deutscher Kaiser) verleiht der Altstadt das Stadtrecht.

**1142** — Heinrich der Löwe wählt Braunschweig zu seiner Residenz, gründet in der Folge das Weichbild Hagen und umgibt die Stadt mit einer Mauer.

**1166** — Errichtung des bronzenen Burglöwen.

**1195** — Am 6. August stirbt Heinrich der Löwe in der Burg Dankwarderode. Er wird im von ihm errichteten Braunschweiger Dom bestattet.

**1209** — Heinrichs Sohn Otto wird als Otto IV. erster und einziger Welfe auf dem deutschen Kaiserthron.

**1253** — Baubeginn des Altstadtrathauses.

**1350** — Im Mai bricht erstmals die Pest in der Stadt aus und wütet bis in den Januar 1351. Schätzungen der Todesopfer liegen zwischen einem Drittel und der Hälfte der Bevölkerung.

**1374** — Revolte gegen die Alleinherrschaft der Patrizier durch Besetzung des Braunschweiger Rates. Während der „Großen Schicht" werden acht Ratsmitglieder ermordet und Braunschweig vorübergehend aus der Hanse ausgeschlossen.

| | |
|---|---|
| Errichtung des spätgotischen Brunnens auf dem Altstadtmarkt. | **1408** |
| Erster und einziger Hansetag in Braunschweig. | **1427** |
| Aufgrund zunehmender Spannungen mit der Braunschweiger Stadtbevölkerung verlegen die Welfen ihre Residenz von Braunschweig nach Wolfenbüttel. | **1432** |
| Die Oker wird für die Schifffahrt ausgebaut. | **1439** |
| Einführung der Reformation in Braunschweig durch den Reformator Johannes Bugenhagen, der eine neue Kirchenordnung verfasst. | **1528** |
| Härteste Belagerung der Stadt durch Herzog Friedrich Ulrich. Braunschweig kann durch das Eingreifen hansischer Truppen befreit werden. | **1615** |
| Mit der Abschaffung der Weichbildräte, der Entwaffnung der Stadt und der Einsetzung eines gänzlich vom Herzog abhängigen Rates endet die Stadtfreiheit. | **1671** |
| Rathaus und Gewandhaus des Hagens werden zum neuen Opernhaus umgebaut. | **1690** |
| Am Bohlweg wird mit der Errichtung des Welfenschlosses „Grauer Hof" begonnen. | **1717** |
| Georg Kaspar Schürmann verfasst in seiner Oper „Heinrich der Vogler" das später volkstümlich gewordene Mummelied „Brunsewyk du leve stat". | **1718** |
| Gründung des Collegium Carolinum durch Herzog Karl I., Vorläufer der Technischen Universität Braunschweig. | **1745** |

| | | |
|---|---|---|
| ................... | 1747 | Gründung der Fürstenberger Porzellanmanufaktur durch Herzog Karl I. |
| ................... | 1753 | Die herzogliche Residenz wird von Wolfenbüttel zurück nach Braunschweig verlegt. |
| ................... | 1757 | Bis 1758 andauende französische Besetzung der Stadt im Siebenjährigen Krieg. |
| ................... | 1781 | Am 15. Februar stirbt Gotthold Ephraim Lessing in Braunschweig und wird auf dem Magnifriedhof beigesetzt. |
| ................... | 1806 | Am 26. Oktober rücken die Franzosen in der Stadt ein und nehmen das Herzogtum im Namen Napoleons in Besitz. Herzog Karl Wilhelm Ferdinand ist schwer verwundet auf der Flucht und stirbt wenige Tage später. |
| ................... | 1807 | Braunschweig wird Teil des von Napoleon neu gegründeten Königreichs Westfalen. |
| ................... | 1813 | Nach dem Rückzug der Franzosen trifft Herzog Friedrich Wilhelm in der Stadt ein und übernimmt die Regierung. |
| ................... | 1815 | Am 16. Juni stirbt Herzog Friedrich Wilhelm in der Schlacht bei Quatre-Bras, einem Vorgefecht der Schlacht bei Waterloo. |
| ................... | 1830 | Am Abend des 7. September stürmt eine aufgebrachte Menschenmenge das Braunschweiger Schloss und zündet es an. Herzog Karl II. verlässt fluchtartig die Stadt. |
| ................... | 1831 | Im Mai erklärt der Deutsche Bund Karl II. für regierungsunfähig. Sein Bruder Wilhelm wird neuer Herzog. |

| | |
|---|---|
| Grundsteinlegung für das neue Residenzschloss am Bohlweg nach den Plänen Karl Theodor Ottmers. 1841 wird das Gebäude vollendet. | 1831 |
| Inbetriebnahme der Eisenbahnlinie zwischen Braunschweig und Wolfenbüttel, der ersten staatlich betriebenen Bahnstrecke Deutschlands. | 1838 |
| Dreitägige Feier zum angeblich 1000-jährigen Bestehen der Stadt. In diesem Zuge Gründung des Stadtarchivs, der Stadtbibliothek sowie des Städtischen Museums. | 1861 |
| Herzog Wilhelm verstirbt am 18. Oktober ohne Nachkommen. Am 21. Oktober 1885 wird Prinz Albrecht von Preußen zum Regenten des Herzogtums Braunschweig gewählt. | 1884 |
| Eröffnung des Neubaus des heutigen Herzog Anton Ulrich-Museum in der Museumsstraße. | 1887 |
| Buffalo Bill gastiert mit seiner Wild West Show fünf Tage in der Stadt und begeistert 100.000 Menschen. | 1890 |
| Braunschweig hat 101.047 Einwohner und ist damit Großstadt. | 1890 |
| Inbetriebnahme der elektrischen Straßenbahnen in der Stadt. | 1897 |
| Auf der Strecke Braunschweig-Wendeburg gründet Heinrich Büssing die erste regelmäßige Kraftomnibuslinie der Welt. | 1904 |

| | | |
|---|---|---|
| .................. | **1913** | Ernst August wird Herzog von Braunschweig und zieht mit seiner Frau Viktoria Luise, einzige Tochter des Deutschen Kaisers Wilhelm II., ins Braunschweiger Schloss ein. |
| .................. | **1918** | Thronverzicht des Herzogs, Proklamation der Sozialistischen Republik Braunschweig. |
| .................. | **1919** | Besetzung Braunschweigs durch Truppen der Reichsregierung. |
| .................. | **1931** | SA-Treffen mit über 100.000 Teilnehmern. |
| .................. | **1932** | Ernennung Adolf Hitlers zum braunschweigischen Regierungsrat, damit verbunden ist die deutsche Staatsbürgerschaft. |
| .................. | **1934** | Einweihung des Braunschweiger Hafens. |
| .................. | **1939** | Die Stadt zählt über 200.000 Einwohner. |
| .................. | **1944** | Am 15. Oktober wird beim schwersten Luftangriff des Zweiten Weltkriegs die Innenstadt fast vollständig zerstört. |
| .................. | **1945** | Am 12. April marschieren amerikanische Truppen in Braunschweig ein. |
| .................. | **1950** | Fritz Bauer wird Generalstaatsanwalt beim Oberlandesgericht Braunschweig. Einer seiner ersten Fälle gegen den ehemaligen Generalmajor Remer erregt deutschlandweit Aufsehen und rehabilitiert die Hitler-Attentäter des 20. Juli 1944. |
| .................. | **1960** | Eröffnung des neuen Hauptbahnhofes. |
| .................. | **1965** | Eröffnung der Stadthalle auf dem Leonhardplatz. |

| | |
|---|---|
| Eintracht Braunschweig wird Deutscher Fußballmeister. | **1967** .................... |
| Die Braunschweigische Staatsbank geht in der Norddeutschen Landesbank auf. | **1970** .................... |
| Auflösung des Landkreises Braunschweig und Eingemeindung von 22 Orten in die Stadt. | **1974** .................... |
| Erstes Braunschweiger Filmfest. | **1987** .................... |
| Die Braunschweig Lions gewinnen erstmalig den German Bowl. | **1997** .................... |
| Eröffnung der Volkswagen Halle. | **2000** .................... |
| Nach 333 Jahren ist Braunschweig keine Garnisonsstadt mehr. | **2004** .................... |
| Braunschweig bewirbt sich mit dem Leitmotiv „Zeitlandschaften – Timescapes" um den Titel Europäische Kulturhauptstadt, unterliegt jedoch der Stadt Essen. | **2005** .................... |
| Braunschweig erhält den Titel „Stadt der Wissenschaft". | **2007** .................... |
| Eröffnung des Freizeit- und Erlebnisbad „Wasserwelt" auf dem Gelände der 2008 abgerissenen Eissporthalle. | **2014** .................... |
| Von der Feuerwehr wird Braunschweig als erste deutsche Stadt mit dem „digitalen Blaulicht" ausgestattet, welches Autofahrer frühzeitig auf sich nähernde Einsatzfahrzeuge aufmerksam macht. | **2019** .................... |
| Das Ringgleis wird im Süden provisorisch geschlossen. Damit führt nun ein 22,5 km langer Fuß- und Radweg neben bestehenden und stillgelegten Bahntrassen um die Braunschweiger Innenstadt. | **2019** .................... |

# AHA!

## Liebesromane, Benimmregeln und ein „deutscher Shakespeare"

**Ricarda Huch wurde in Braunschweig geboren, Goethe besuchte die Stadt 1784, Wilhelm Raabe verbrachte hier die letzten vier Jahrzehnte seines Lebens, in denen er fast die Hälfte seines umfangreiches Werkes schuf, und Lessing starb hier. Diese Namen fallen fast immer, wenn es um Literatur aus Braunschweig geht. Andere Schriftstellerinnen und Schriftsteller sowie ihre Werke sind heute fast vergessen, obwohl sie zu ihren Lebzeiten echte Stars waren.**

„Berühmter als Wolfgang Goethe" soll er gewesen sein, so schreibt Heinrich Heine über den 1758 in Braunschweig geborenen August Lafontaine. Mit seinen Liebesromanen – verfasst in Briefform – füllte er unglaubliche 64 Werke in 143 Bänden. Insgesamt 50.510 Seiten. Seine Bücher waren so erfolgreich, dass er als der erste freie Schriftsteller in der Geschichte der deutschen Literatur gilt. Lafontaine konnte von seinem Schreiben tatsächlich leben. Kein Wunder. Wurden seine Bücher doch sowohl von Napoleon als auch dem preußischen Königspaar gelesen. Schriftstellerkollegen wie Jakob Grimm, Heinrich von Kleist und Joseph von Eichendorff gehörten zu seinen größten Fans.

Einige Jahre nach Lafontaine versuchte sich in Braunschweig auch Wolfgang Robert Griepenkerl als freier Schriftsteller, scheiterte aber letztendlich. Gegen Ende der 1840er Jahre machten ihn seine historischen Dramen „Maximilian Robespierre" und „Die Girondisten" berühmt. Auf allen großen deutschen Bühnen wurden sie gespielt und die Kritiker feierten ihn bereits als „deutschen Shakespeare". Seine folgenden Dramen fanden dann aber weniger Anklang und so begann Griepenkerls sozialer Abstieg, der 1860 in einer Gefängnisstrafe wegen betrügerischen Bankrotts gipfelte. 1868 starb er verbittert und verarmt und wurde auf dem Katharinenfriedhof beigesetzt.

Herzog Anton Ulrich ist heute vor allem für das Herzog Anton Ulrich-Museum bekannt. Doch der Braunschweiger Herzog war nicht nur ein begeisterter Kunstsammler, dessen Sammlung heute ein ganzes Museum füllt, sondern auch ein leidenschaftlicher Schriftsteller und gilt als einer der bedeutendsten Autoren des Barock. Für seine Epoche durchaus ungewöhnlich, hatte es ihm insbesondere die Romanform angetan. Zwar schrieb er nur zwei Romane, aber diese zwei sprengen jeden Umfang. „Die Durchleuchtige Syrerinn Aramena" umfasst fünf Bände mit mehr als 3800 Seiten. Und das ist noch der kürzere von beiden. Die „Römische Octavia" brachte es bis zu Anton Ulrichs Tod 1714 auf sechs Bände. Ein siebter Band erschien postum. Insgesamt über 7200 Seiten. Nur verständlich, dass Anton Ulrich sich von einigen Mitarbeitern helfen ließ. Was heute aufgrund des ungeheuren Umfangs als nahezu unlesbar erscheint, wurde von seinen Zeitgenossen bewundert und verschlungen.

Heute kennt man ihn vor allem für die untrennbar mit seinem Namen verbundenen Benimmregeln, doch zu seinen Lebzeiten war Adolph Freiherr von Knigges größter literarischer Erfolg „Die Reise nach Braunschweig". Der Roman erzählt von der Reise einer kleinen Gruppe von Personen in die Löwenstadt, um dort den Ballonaufstieg des französischen Ballonfahrers Jean-Pierre François Blanchard mitzuerleben.

Illustration aus Knigges „Die Reise nach Braunschweig" von Georg Osterwald 1839

Bei diesem historischen Ereignis im Jahr 1788 war Knigge persönlich in Braunschweig anwesend, aber wohl nur mäßig beeindruckt. Bezeichnet er das „große aerostatische Schauspiel" in seinem Roman doch als „blanchardsche Hanswursterei". Die Stadt selbst hat ihn mehr beeindruckt. Vor allem „wie weit man noch in Hannover zurück ist". Knigge starb vier Jahre nach Erscheinen des Romans und erlebte dessen großen Erfolg nicht mehr mit. „Die Reise nach Braunschweig" erschien in zahllosen Auflagen und gehörte zu den meistgelesenen Romanen des 19. Jahrhunderts.

Apropos aerostatisches Schauspiel: Am 28. März 1936 kreiste auf ihrem Deutschlandflug die „Hindenburg" über Braunschweig. Begleitet wurde das größte jemals gebaute Luftschiff von der „Graf Zeppelin".

Luftschiff Hindenburg

Wilhelm Raabe, Gotthold Ephraim Lessing, Ricarda Huch: Nicht nur große Namen der Literatur, sondern auch die Namen von drei Braunschweiger Schulen. Auch Ina Seidel wurde diese Ehre einst zuteil. Anlässlich ihres 70. Geburtstages 1955 wurde die Oberschule für Mädchen in „Ina-Seidel-Schule" umbenannt. Als die in Braunschweig aufgewachsene Ina Seidel 1974 starb, war sie als Schriftstellerin genauso bekannt wie die von ihr bewunderte Ricarda Huch. Ihr Roman „Das Wunschkind" war seit 1930 hundertausendfach verkauft, und als zweite Frau nach Ricarda Huch war sie 1932 in die Preußische Akademie der Künste berufen worden. Dass 1955 in Braunschweig eine Schule nach ihr benannt wurde, ist bemerkenswert, denn bereits 1946 musste die Berliner Ina-Seidel-Schule ihren Namen ändern. Grund war die große Nähe der Autorin zur nationalsozialistischen Diktatur. In ihrem Gedicht „Lichtdom" hatte die Autorin Adolf Hitler verherrlicht, der dies mit der Aufnahme in die Gottbegnadeten-Liste belohnte. Die Braunschweiger Ina-Seidel-Schule behielt ihren Namen, bis sie 1990 aufgrund sinkender Schülerzahlen geschlossen wurde.

Reimen konnte auch der Braunschweiger Schriftsteller Ernst Sander, doch dichtete dieser nicht für, sondern gegen Hitler. So gab er 1942 in einem Offizierskasino an der Ostfront folgende hellsichtige Äußerung zum Besten: „Man wird mich noch den Schüttler heißen, wenn alle längst auf Hitler scheißen." Mit viel Glück und Geschick überlebte Ernst Sander diesen Spruch und den Krieg und schenkte uns später über 200 Übersetzungen von Balzac, Flaubert, Oscar Wilde und vielen weiteren berühmten Autoren.

Nicht von Lafontaine, nicht von Ricarda Huch und auch nicht von Wilhelm Raabe stammt jener in Braunschweig entstandene Text mit dem deutschlandweit größten Bekanntheitsgrad. Es ist Herman Grotes „Niedersachsenlied", die inoffizielle Hymne des Bundeslands. Und dabei war, als Herman Grote das Lied um 1926 in Braunschweig komponierte und dichtete, an das heutige Niedersachsen noch nicht ansatzweise zu denken. „Von der Weser bis zur Elbe, / Von dem Harz bis an das Meer" so beginnt das Niedersachsenlied. Nicht zu verwechseln mit dem „Zwischen Harz und Heideland", das die Eintrachtfans singen.

# Premieren in Braunschweig

**SOMMER 1718** „Heinrich der Vogler"
von Johann Ulrich König,
Musik von Georg Caspar Schürmann

**13. MÄRZ 1772** „Emilia Galotti"
von Gotthold Ephraim Lessing

**19. JANUAR 1829** „Faust – der Tragödie erster Teil"
von Johann Wolfgang von Goethe

**17. JANUAR 1850** „Maximilian Robespierre"
von Robert Griepenkerl

**4. DEZEMBER 1851** „Girondisten"
von Robert Griepenkerl

**13. JANUAR 1934** „Die Legende vom vertauschten Sohn"
von Luigi Pirandello,
Musik von Gian Francesco Malipiero

**JANUAR 1956** „Die Silberschnur"
von Sidney Howard
(Deutsche Erstaufführung)

**13. MÄRZ 1957** „Der Turm zu Babel"
von Lars Helgesson
(Deutsche Erstaufführung)

**4. APRIL 1957** „Theseus im Labyrinth"
von Marcel Mihalovici und Karl Heinz Ruppelim

| | |
|---|---|
| **1. NOVEMBER 1962** | **„Der schlechte Soldat Smith"**<br>von William Douglas Home<br>(Deutsche Erstaufführung) |
| **6. FEBRUAR 1965** | **„Komödie der Eitelkeit"**<br>von Elias Canetti |
| **3. NOVEMBER 1965** | **„Die Hochzeit"**<br>von Elias Canetti |
| **13. JANUAR 1977** | **„Sterntaler"**<br>von Franz Xaver Kroetz |
| **19. FEBRUAR 1977** | **„Winterreise"**<br>von Harald Mueller |
| **28. AUGUST 1983** | **„Wittkopp"**<br>von Hans-Joachim Marx<br>Premiere der 1. Braunschweiger Dom- und Burgfestspiele auf dem Burgplatz mit der Uraufführung der Kinderoper |
| **15. APRIL 1994** | **„Das Sofa"**<br>von Martin Walser. |
| **7. MÄRZ 1996** | **„Der Utopist",**<br>von Matthias Dix |
| **14. FEBRUAR 1998** | **„Boomtown Braunschweig"**<br>von Hartmut El Kurdi |

# Elle und Honigkuchen

**Die Ballonfahrt im Jahr 1788, zu der Knigges Protagonisten im Roman „Die Reise nach Braunschweig" in eben jene Stadt reisen, war keine isolierte Veranstaltung, sondern fand zur gleichen Zeit wie die Sommermesse statt. Einem absoluten Besuchermagneten, denn damals war Braunschweig neben Leipzig und Frankfurt die bedeutendste Messestadt Deutschlands.**

Kein Wunder also, dass gerade diese beiden Städte sich heftig gegen einen Messestandort Braunschweig gewehrt hatten, als sich die Stadt 1674 beim Kaiser in Wien um das Privileg für zwei Universalmessen bemühte. Mit Bestechungsgeldern versuchte man, sich die braunschweigische Konkurrenz vom Leib zu halten. Da tauchte in Braunschweig überraschend eine längst verloren geglaubte Urkunde über ein Messeprivileg wieder auf, das der Stadt 1505 von Kaiser Maximilian erteilt worden war. Auf dieses Privileg berief sich Herzog Rudolf August, sicherlich nicht ohne Schadenfreude, als er im Januar 1681 die erneute Einrichtung der Braunschweiger Messe verkündete. Jährlich sollten zwei Messen stattfinden, deren Dauer jeweils zehn Tage betragen sollte: Eine Wintermesse im Februar und eine Sommermesse im August.

Bereits im August 1681 fand die erste Messe statt. Die zentralen Plätze der Messe waren der Kohlmarkt und der Altstadtmarkt sowie die angrenzenden Straßen. An die Häuser dieser Straßen baute man Messe- und Verkaufsgewölbe, die teilweise heute noch an den Rundbögen im Erdgeschoss zu erkennen sind.

Schnell erfreute sich die Braunschweiger Messe großer Beliebtheit. Das Warenangebot umfasste neben Erzeugnissen aus der Region viele Handelsprodukte aus ganz Europa. Vor allem wurden Textilien von grobem Leinen über edle Wollstoffe bis zu feinster Seide gehandelt. An den Verkaufsbuden fanden die Besucher aber auch exotische Gewürze, türkischen Honig, Kaffee, Pfeffernüsse, Schmalzgrieben und Braunschweiger Honigkuchen.

Über Letzteren heißt es in einem Messeführer:

> „Auf der Braunschweiger Messe wird nie man suchen
> Vergeblich den Braunschweiger Honigkuchen
> Man findet ihn hier in jeder Form
> Die Menge ist auch ganz enorm."

Genaue Regeln legten fest, welche Art von Kaufleuten wo welche Waren verkaufen durften. Auf dem Altstadtmarkt wurden vor allem Stoffe und Glaswaren gehandelt und am Altstadtrathaus findet sich noch heute die Braunschweiger Elle. Ein verbindliches Längenmaß von 57,07 cm Länge. Am Pfeiler des Rathauses war sie für Händler und Kunden gleichermaßen leicht zugänglich und alle konnten sichergehen, dass ihnen tatsächlich das rechte Maß abgemessen worden war.

Marionettenspieler, Gaukler, Taschenspieler, Schauspieler, Wetterglashändler und Wunderheiler unterhielten die Menschen, zogen ihnen dabei teilweise das Geld aus der Tasche, und trugen zum bunten Bild der Messe ihren ganz eigenen Teil bei.

Die beiden Messen wurden zur Grundlage für den wirtschaftlichen Aufschwung Braunschweigs im 18. Jahrhundert. Für die Braunschweiger Handwerker, Bäcker, Metzger und viele weitere war die Messe eine große Chance, ihre Produkte einer breiten Käuferschicht bekannt zu machen. Zweimal im Jahr waren Herbergen und Gasthäuser überfüllt, denn zur Messe kamen viele auswärtige Besucher in die Stadt. Man kann davon ausgehen, dass während der Messe etwa 5000 bis 7000 Gäste in Braunschweig übernachteten und zusätzlich noch etwa 10.000 Tagesbesucher zur Messe strömten. Während der Sommermonate betrug der Umsatz auf der Braunschweiger Messe etwa zwei Millionen Taler, während der Herbstmonate etwa 1,4 Millionen Taler.

Um die Besucher zu unterhalten, entstanden zahlreiche Vergnügungsstätten, von denen das von Herzog Anton Ulrich 1690 erbaute Opernhaus das bedeutendste war und neben Unterhaltung auch gesellschaftliche Repräsentanz bot.

Die Braunschweiger wussten, was sie der Messe und ihren Besuchern zu verdanken hatten und ehrten seit 1838 alle Kaufleute, die ihre Waren hundertmal ununterbrochen in Braunschweig angeboten hatten, mit der Ehrenbürgerwürde der Stadt.

Ihre Glanzzeit hatten die Braunschweiger Messen im 18. Jahrhundert. Im Verlauf des 19. Jahrhunderts verlor man zunehmend den Anschluss an die wirtschaftliche Entwicklung. Zu dieser Zeit entwickelten sich die Mustermessen, also der heute übliche Messetyp. Das heißt, es wurden zur Messe nur noch Warenproben mitgebracht und Bestellungen aufgenommen. In Braunschweig hielt man jedoch weitgehend an der traditionellen Warenmesse fest. Rapide verloren die Braunschweiger Messen an Bedeutung und entwickelten sich zu Jahrmärkten mit Rummelplatzcharakter, wie sie heute noch zweimal im Jahr auf dem Schützenplatz abgehalten werden. Statt Waren von Braunschweiger Handwerkern, standen nun Unterhaltungsbuden mit Spielen im Vordergrund.

Altstadtmarkt
Braunschweig

Bis 1909 wurden die Messen weiterhin in der Innenstadt veranstaltet, bevor sie dann 1910 aus feuer- und polizeilichen Gründen auf den Schützenplatz an der Hamburger Straße verlegt wurden.

Nach dem Zweiten Weltkrieg konnte sich in Braunschweig mit „Zwischen Harz und Heide" (später nur noch „Harz und Heide") wieder eine Verbrauchermesse etablieren, die 1981 mit 133.000 Besuchern einen Besucherrekord feiern konnte. Aufgrund sinkender Besucherzahlen nach der Jahrtausendwende musste auch „Harz und Heide" eingestellt werden. 2008 fand Braunschweigs letzte große Messe auf dem Gelände an der Theodor-Heuss-Straße statt.

**AHA!**

Wilhelm Bracke (Mitte stehend) im Kreise des Central-Wahlkomitees des Allgemeinen Deutschen Arbeitervereins (ADAV) in Braunschweig im Jahr 1867

## Geburtshelfer der SPD

**In den Anfangsjahren der SPD war Braunschweig eine – heute fast vergessene – Keimzelle der sozialdemokratischen Idee.**

Im Zentrum der Anfänge der sozialdemokratischen Parteigeschichte stand insbesondere der 1842 in Braunschweig geborene Politiker Wilhelm Bracke. Dieser hatte bereits am 6. September 1865 eine Braunschweiger Gemeinde des Allgemeinen Deutschen Arbeitervereins (ADAV) gegründet, was die Braunschweiger SPD heute als ihren Gründungstag betrachtet, und war Mitglied im Bundesvorstand des ADAV. In engem brieflichen Kontakt mit Karl Marx in London stehend, war der junge Bracke einer der wichtigsten Sprecher der sozialdemokratischen Arbeiterschaft.

Zusammen mit August Bebel und Karl Liebknecht formulierte Wilhelm Bracke jene Einladung, die zur Gründung der Sozialdemokratischen Arbeiterpartei in Eisenach führen sollte. Nach dem Gründungsparteitag, der vom 7. bis 9. August 1869 in Eisenach stattfand, wurde Bracke deren Sprecher. Auf Initiative Brackes und Liebknechts wurde Braunschweig deren erster Parteisitz. Man kann also mit Recht sagen, die erste Parteizentrale der SPD befand sich in Braunschweig.

Mit seinem Verlag und der Zeitung „Braunschweiger Volksfreund", erstmals erschienen am 15. Mai 1871, agitierte Bracke bei den Arbeitern erfolgreich für die junge Partei. Mit seinem „Volks-Kalender" warb er für die Ideen des Sozialismus und förderte mit preiswerten Arbeiterausgaben die Bildungsoffensive in der Arbeiterbewegung. Unter anderem veröffentlichte er die erste Biografie über Karl Marx, den er 1869 in Hannover kennengelernt hatte.

Machte Braunschweig zu einer Hochburg der Sozialdemokratie: Karl Liebknecht

Als erster Sozialdemokrat wurde Bracke in den Rat der Stadt Braunschweig gewählt und wurde 1877 Abgeordneter im Deutschen Reichstag. Der Aufstieg der Arbeiterbewegung in Braunschweig hing eng mit der rasant fortschreitenden Industrialisierung im Herzogtum Braunschweig zusammen.

Mit gerade einmal 37 Jahren starb Wilhelm Bracke 1880 in Braunschweig. Doch auch nach seinem Tod blieb Braunschweig eine Hochburg der Sozialdemokratie. 1913 hielt Rosa Luxemburg anlässlich des ersten Internationalen Frauentages im Saal der „Hohetor-Schänke" in der Goslarschen Straße einen viel beachteten Festvortrag. Und auch Otto Grotewohl, der später der erste Ministerpräsident der DDR werden sollte, stammte aus der Braunschweiger Sozialdemokratie.

# Rote Revolution

**Im Oktober 1918 bereitete sich die Braunschweiger Bevölkerung auf den nahenden Winter vor, es würde bereits der fünfte Kriegswinter sein. Die Lebensmittelversorgung war miserabel, die Grippewelle forderte viele Todesopfer und in den Zeitungen füllten die Todesanzeigen gefallener Soldaten immer mehr Spalten. Unzufriedenheit war das in Braunschweig – wie in ganz Deutschland – vorherrschende Gefühl.**

Am 8. November 1918 brach sich das Gefühl dann seine Bahn. Soldaten verließen ihre Kasernen, Arbeiter ihre Fabriken, Jugendliche ihre Klassenzimmer. Die Menschen drängten hinaus in die engen Straßen und strömten zu Tausenden auf den Schlossplatz, dem Ziel ihres Protestes. Am Ende waren es wohl gut 20.000, darunter viele Frauen. Im Residenzschloss saß Herzog Ernst August mit seinen Ministern und ahnte, was bevorstand.

Gleichzeitig debattierte im Restaurant „Wilhelmgarten" eine Versammlung der Arbeiter und Soldaten stundenlang, bevor man endlich eine Delegation wählte, die sich zum Schloss begeben und die Abdankung des Herzogs verlangen sollte.

Am späten Nachmittag erschien die Delegation, angeführt vom Schneider August Merges, beim Herzog und legte ihm die Abdankungsurkunde vor. Nur kurz beriet sich der Herzog mit seinen Ministern, dann unterschrieb er die Urkunde und der Arbeiter- und Soldatenrat übernahm die Macht. Unter den Salven der Soldaten und den Hochrufen der Menge wurde auf dem Schloss die rote Fahne gehisst und die sozialistische Republik verkündet. August Merges wurde zu ihrem Präsidenten ausgerufen. Minna Faßhauer wurde zur Volkskommissarin für Volksbildung und Volkswohlfahrt ernannt. Damit war sie die erste Frau, die in Deutschland ein Ministeramt bekleidete.

Zusammen mit König Ludwig III. von Bayern, dem in München ähnliches widerfuhr, war Herzog Ernst August der erste deutsche

Einmarsch der Regierungstruppen in Braunschweig im April 1919

Bundesfürst, den die Revolution vom Thron vertrieben hatte. Die Revolution war in Braunschweig einen Tag früher erfolgreich als die in Berlin, die seinen Schwiegervater Kaiser Wilhelm II. stürzte. Doch Ruhe in der Stadt sollte dadurch nicht einkehren. Die Braunschweiger Revolutionsregierung stellte wiederholt die Reichseinheit infrage und spielte mit dem Austritt aus dem Deutschen Reich, was zu schweren Konflikten mit Berlin führte. Zwischen den politischen Gruppen in der Stadt brachen zunehmend Spannungen aus und Aufstandsgerüchte machten die Runde. Streiks waren an der Tagesordnung. In den Wirren dieser Zeit bestieg ein Schelm das Reiterstandbild Herzog Wilhelms auf dem Ruhfäutchenplatz und hängte ihm ein großes Schild um mit der Aufschrift:
„Lieber Wilhelm, steig hernieder
Und regier' du uns wieder.
Laß in diesen schlechten Zeiten
Lieber Schneider Merges reiten!"
In Berlin hielt man Braunschweig für den Mittelpunkt der kommunistischen Bewegung in Deutschland. Gut fünf Monate nach Revolutionsausbruch wollte die sozialdemokratisch geführte Reichsregierung den Zuständen in Braunschweig nicht mehr tatenlos zusehen und beschloss die Reichsexekution gegen Braunschweig. Um „Ruhe und Ordnung" wiederherzustellen, wurde der Belagerungszustand über den Freistaat Braunschweig verhängt und Militär in Marsch gesetzt. In den Morgenstunden des 17. April rückte Generalmajor Maercker mit seinen Truppen in Braunschweig ein. Mit aufgepflanztem Bajonett, ausgestattet mit Geschützen und Panzerautos zogen die Freikorpssoldaten in Braunschweig wie in eine feindliche Stadt ein. Zu Kämpfen kam es glücklicherweise nicht. Die Braunschweiger Regierung hatte die Arbeiter zuvor aufgefordert, keinen Widerstand zu leisten. Viele Arbeiter hatten kurzerhand ihre Waffen in die Oker geworfen. Die Soldaten holten die rote Fahne vom Schloss und hissten Schwarz-Weiß-Rot, die Farben des Kaiserreichs, sowie Blau-Gelb, die Farben des Herzogtums. Die rote Fahne wurde auf dem Schlossplatz verbrannt. Mit der Besetzung der Stadt endete die Revolution in Braunschweig.

# Die letzte Herzogin

**Herzogin der Herzen oder Unterstützerin der Nazis? An Herzogin Viktoria Luise scheiden sich bis heute die Geister.**

Die am 13. September 1892 in Potsdam geborene Viktoria Luise war jüngstes Kind und einzige Tochter von Kaiser Wilhelm II. Ihre Verlobung mit Prinz Ernst August von Hannover beendete die jahrzehntelange Feindschaft zwischen Hohenzollern und hannoverschen Welfen und ermöglichte es Ernst August, den vakanten Herzogsthron in Braunschweig zu besteigen.

Die Hochzeitsfeier am 24. Mai 1913 in Berlin war die letzte große Demonstration von adligem Pomp und Gloria, bevor die alten Dynastien im Ersten Weltkrieg untergingen. Erstmals in der Geschichte hielten Filmkameras eine Adelshochzeit fest, zu deren erlesenen Gästen auch Zar Nikolaus II.

Herzog Ernst August und Herzogin Viktoria Luise

und der englische König Georg V. gehörten.

Der neue Herzog nahm zusammen mit seiner Gemahlin das Herzogtum Braunschweig formell am 1. November 1913 in Besitz und am 3. November erfolgte der umjubelte Einzug in Braunschweig. Das Herzogspaar bezog das Braunschweiger Schloss, wo im März 1914 ihr erster Sohn geboren wurde. Vier weitere Kinder sollten noch folgen.

Nur fünf Jahre nach der Thronbesteigung beendete die Novemberrevolution die Regentschaft bereits wieder und die Herzogsfamilie verließ Braunschweig. Im Zuge der Fürstenabfindung wurden der Herzogsfamilie 1924 zahlreiche Landgüter, darunter die Schlösser Blankenburg und Marienburg, zugesprochen und aus dem Welfenfonds acht Millionen Reichsmark erstattet. Nachdem die Besitzverhältnisse geklärt waren, kehrte die Familie 1930 zurück und bezog das Schloss Blankenburg am Harz.

Mit ihrer Entmachtung konnte sich Viktoria Luise anscheinend nicht abfinden und suchte zusammen mit ihrem Ehemann nach Unterstützern, die ihnen ihren Platz an der Sonne zurückholen würden. Ausgerechnet in den Nationalsozialisten glaubte Viktoria Luise diese Unterstützung gefunden zu haben. In den 30er Jahren hatte die amerikanische Journalistin Sigrid Schultz Zugang zu den höchsten Nazikreisen und wusste über Viktoria Luise zu berichten, dass sie „eine fanatische Nazisse [...] mit den ambitioniertesten Plänen [war,] sie huschte ständig in die britische Botschaft für mysteriöse Besuche. Bei offiziellen Empfängen rannte sie auf Hitler zu, der gerne Prinzessinnen um sich hat. Einige Monate lang war Hitlers Umgebung ernsthaft alarmiert, weil er über eine Restauration einer der deutschen Monarchien sprach ... Victoria Luise war sich sicher, es würde ihre Dynastie sein."

Bei den Nürnberger Parteitagen und den Olympischen Spielen 1936 soll Viktoria Luise die ideologische Rundumbetreuung der britischen VIP-Gäste übernommen haben. Schließlich war sie auch die Prinzessin von Großbritannien und Irland. Eine Werbe-Ikone der Nazis? In Braunschweig konnten die Anhänger und Bewunderer Fotos und Postkarten der Familie in verschiedenen Naziuniformen kaufen.

Nach dem Zweiten Weltkrieg lebte die Familie auf Schloss Marienburg, wo es nach dem Tod ihres Ehemanns Ernst August 1953 zu Spannungen mit ihrem Sohn kann. Nur unter Protest verließ sie im Dezember 1956 das Schloss und ließ sich vom niedersächsischen Landtagspräsidenten Dr. Werner Hofmeister in dessen Dienstwagen nach Braunschweig bringen. Ihr neues Heim, ein Haus mit neun Zimmern (Stresemannstraße 5), wurde ihr von der Inhaberin der Braunschweiger Textilfirma Witting zur Verfügung gestellt. Unterstützung erhielt sie vom „Braunschweiger Freundeskreis", der auch ihren Chauffeur bezahlte. Denn die von ihrem Sohn gezahlte Apanage soll knapp bemessen gewesen sein.

In zahlreichen karitativen Vereinigungen und Initiativen zur Traditionspflege engagiert, wurde Viktoria Luise zu einem festen Bestandteil des gesellschaftlichen Lebens in der Stadt. Ihr 70. Geburtstag wurde in Braunschweig groß gefeiert.

1965 startete sie eine überraschende Karriere als Autorin. Bis 1977 erschienen unter ihrem Namen sieben erfolgreiche Lebenserinnerungen, die bis heute eine Gesamtauflage von über 1,5 Millionen erreichten. Dass diese Memoiren nicht von Viktoria Luise, sondern von ihrem als rechtsextrem eingestuften Verleger Leonhard Schlüter geschrieben wurden, gilt heute als sehr wahrscheinlich.

Wenige Monate vor ihrem Tod zog Viktoria Luise in das Friederikenstift in Hannover. In der Braunschweiger Bevölkerung blieb sie bis zu ihrem Tod ausgesprochen beliebt. An der Trauerfeier für die Herzogin am 18. Dezember 1980 im Braunschweiger Dom nahmen innerhalb und außerhalb der Kirche über 5000 Menschen teil, darunter ihre Enkelin, Königin Sophia von Spanien. Am gleichen Tag wurde die Herzogin an der Seite ihres Gatten in Hannover beigesetzt.

Viktoria Luise (l.) im Jahr 1976

**POPULÄRER IRRTUM**

# Hitlers Staatsbürgerschaft

**Dass im Freistaat Braunschweig die NSDAP bereits sehr viel früher an der Regierung beteiligt war als anderswo, war mitverantwortlich für einen der größten Fehler der deutschen Geschichte.**

Zwar war bereits am 15. Februar 1923 die Ortsgruppe Braunschweig der NSDAP gegründet worden, doch blieb sie in den ersten Jahren eine bedeutungslose Kleinstpartei, die bei den Landtagswahlen 1927 gerade einmal 3,7% der Stimmen holte. Dies änderte sich abrupt bei der Landtagswahl am 14. September 1930, bei der die NSDAP 22,2 Prozent der Wählerstimmen erhielt. Am 1. Oktober 1930 wählte der Landtag, mit den Stimmen der Bürgerlichen Einheitsliste, eine Koalitionsregierung aus DNVP und NSDAP. Die NSDAP stellte mit Anton Franzen, ab 1931 Dietrich Klagges, den Staatsminister für Inneres und Volksbildung. Braunschweig wurde zu einer Hochburg der braunen Bewegung. Während seiner zahllosen Wahlkampfauftritte war Hitler wiederholt in Braunschweig. Im „Börsenhotel" am Kohlmarkt war Hitler zu Beginn der 30er Jahre Stammgast. Im Oktober 1931 fand in Braunschweig der größte SA-Aufmarsch der Weimarer Republik statt. 100.000 SA-Männer aus ganz Deutschland zogen in einer sechsstündigen Parade an Hitler und der Parteiführung vorbei.

Hitlers Problem zu Beginn der 30er Jahre war, dass er nicht über eine deutsche Staatsbürgerschaft verfügte. Klagges bekam daher von der Parteiführung den Auftrag, dies zu ändern, damit Hitler 1932 an der Wahl zum Reichspräsidenten teilnehmen konnte. Hitlers Anläufe, die Staatsbürgerschaft in Bayern und Thüringen zu bekommen, waren zuvor gescheitert.

Klagges versuchte zunächst, Hitler eine Professur an der Technischen Hochschule zu besorgen. Am Institut für Erziehungswissenschaften sollte er Professor für „Organische Gesellschaftslehre und Politik" werden. Unter Verweis auf Hitlers nicht vorhandene akademische Qualifikation und seine Vorstrafe ver-

Aufmarsch von SA-Mitgliedern in Braunschweig im Oktober 1931

Adolf Hitler bei einem SA-Aufmarsch 1931 vor dem Braunschweiger Schloss

Braunschweig 1931

weigerte sich der Hochschulsenat Klagges´ Ansinnen. Klagges bemühte sich nun um die Zustimmung der bürgerlichen Partner in der Landesregierung. Seine Idee war es, Hitler zu einem Beamten des Freistaates Braunschweig zu machen. Als Beamter wäre er automatisch deutscher Staatsbürger. Die Koalitionspartner waren dem nicht grundsätzlich abgeneigt. Wichtig war ihnen, dass es nicht nach einem Scheingeschäft aussah. Über Nacht wurde für Hitler ein Wohnsitz in Braunschweig besorgt und am 25. Februar 1932 wurde er zum Regierungsrat beim Braunschweiger Landeskultur- und Vermessungsamt ernannt. Persönlich in Braunschweig erschien Hitler nicht. Aus der Hauptstadt telegrafierte er: „Ernennungsurkunde erhalten – nehme an". Einen Tag später legte er in der Braunschweigischen Gesandtschaft in Berlin den Amtseid ab. Einen eilfertigen Gratulanten fertigte Hitler mit den Worten ab: „Mir brauchen Sie nicht zu gratulieren, aber Deutschland!" Keine zwei Tage nach seiner Vereidigung ließ Hitler sich beurlauben, um am Wahlkampf für das Amt des Reichspräsidenten teilnehmen zu können.

Im März 1932 dichtete Karl Kinndt in der satirischen Zeitschrift „Simplicissimus" vorausschauend: „Natürlich kriegt er [Hitler] sein Gehalt, und ist auch pensionsberechtigt, damit, wenn's dritte Reich zerknallt, er hungernd nicht im Freien nächtigt."

Zwar zog Hitler in zwei Wahlgängen gegenüber Amtsinhaber und Weltkriegsgeneral Paul von Hindenburg den Kürzeren, vermochte aber beachtliche 11,3 Millionen Stimmen im ersten und sogar 13,4 Millionen Stimmen im zweiten Wahlgang auf sich zu vereinigen, was 30,1 bzw. 36,8 Prozent der abgegebenen Stimmen entsprach.

Eigentlich hätte er nun die Tätigkeit als Regierungsrat antreten müssen, um nicht den Eindruck des Scheingeschäfts zu bestätigen und so Gefahr zu laufen, die deutsche Staatsbürgerschaft wieder aberkannt zu bekommen. Doch für Hitler war die Wahlniederlage kein Grund, nun seinen Dienstpflichten in Braunschweig nachzukommen. Im Oktober 1932 beantragte Hitler unbefristeten Urlaub, da „die fortlaufenden politischen Kämpfe" ihm für seinen Dienst keine Zeit ließen. Am 30. Januar 1933 wurde Hitler von Hindenburg zum Reichskanzler ernannt und am 16. Februar beendete Hitler in einem kurzen Schreiben die Posse des untätigen Regierungsrats und bat um Entlassung aus dem braunschweigischen Staatsdienst, welche ihm unverzüglich gewährt wurde.

Aus Stolz darauf, dass „der Kanzler des Deutschen Volkes Adolf Hitler zugleich ihr Bürger ist", verlieh ihm die Landeshauptstadt Braunschweig am 4. Mai 1933 die Ehrenbürgerschaft der Stadt. Diese Auszeichnung hielt Hitler aber nicht davon ab, seinen gemeldeten Wohnsitz am 16. September von Braunschweig nach Berlin in die Reichskanzlei zu verlegen. Kurios: Auf dem Formular trug er unter Staatsangehörigkeit „braunschweigisch" ein.

Anders als oft angenommen, war die Braunschweiger Posse jedoch nicht ursächlich für Hitlers Machtübernahme. Denn für die Ernennung zum Reichskanzler benötigte er die in Braunschweig erhaltene deutsche Staatsbürgerschaft überhaupt nicht. In der Weimarer Verfassung hieß es zu diesem Amt: „Der Reichskanzler und die Reichsminister bedürfen zu ihrer Amtsführung des Vertrauens des Reichstags." Im Reichstag stellte die NSDAP zu diesem Zeitpunkt mit 33,1% Wählerstimmen die größte Fraktion.

Zur Wahrheit gehört aber auch, dass Hitlers Einbürgerung erst unmittelbar vor Fristende geklappt und er seine Kandidatur zuvor schon offiziell bekannt gegeben hatte. Wäre seine Einbürgerung und damit seine Kandidatur gescheitert, wäre er blamiert gewesen und die innerparteiliche Opposition gegen ihn wäre möglicherweise deutlich stärker geworden. Vielleicht wäre dann der größte Fehler der deutschen Geschichte verhindert worden.

60 Jahre nach Hitlers Selbstmord in den Ruinen von Berlin stellte die Braunschweiger SPD-Politikerin Isolde Saalmann im niedersächsischen Landtag den Antrag, Hitler die deutsche Staatsbürgerschaft posthum zu entziehen. Die Braunschweiger Ehrenbürgerschaft war ihm bereits im Januar 1946 wieder aberkannt worden. Doch der Entzug der Staatsangehörigkeit erwies sich als rechtlich unmöglich. Die Rechtsfähigkeit eines Menschen erlischt mit seinem Tod, sodass man einem Toten keine Rechte mehr aberkennen kann.

# Spuren des Terrors

**Als Dietrich Klagges am 5. März 1933 vom Reichsstatthalter Loeper zum Ministerpräsidenten Braunschweigs ernannt wurde, war dies das vorläufige Ende der Demokratie und der Beginn eines grenzenlosen Terrors.**

Keine vier Tage später wurde dieser Terror mit dem Sturm auf das Volksfreundehaus erstmals offen sichtbar. Das „Rote Schloss" galt den Nazis als Hochburg des Marxismus. In ihm befanden sich die Geschäftsräume der SPD einschließlich Archiv und Buchhandlung, der Gewerkschaften, der Arbeiterbank sowie eine Verkaufsstelle des Allgemeinen Konsumvereins.

Unter Führung von SS-Sturmführer Alpers wurde das Gebäude gegen 16 Uhr von Polizei und SS gestürmt. Die gesamte Gebäudeeinrichtung wurde verwüstet oder geraubt. Wer es wagte, sich zu wehren, wurde schwer misshandelt. Ein Angestellter, der mit der Waffe Widerstand leistete, wurde erschossen. Akten, Dokumente und das Bücherlager wurden vor dem Haus aufgestapelt und in Brand gesteckt. Das Volksfreundehaus blieb dauerhaft von der SS besetzt. Drei Tage und Nächte soll der Scheiterhaufen gebrannt haben und ließ dabei erahnen, was von den neuen Machthabern noch alles zu erwarten war.

Es folgte am 11. März der sogenannte „Warenhaussturm", bei dem SA und SS Fensterscheiben und Inneneinrichtung jüdischer Kaufhäuser zerstörten, das sogenannte „Ermächtigungsgesetz" am 24. März 1933, das Verbot der Gewerkschaften am 2. Mai, die Bücherverbrennung auf dem Schlossplatz am 10. Mai und die Ausschaltung jeglicher Opposition.

Bereits am 17. März war Heinrich Jasper, Ministerpräsident Braunschweigs bis 1930, verhaftet worden. Die Nazis brachten ihn in das AOK-Gebäude, wo er schwer misshandelt wurde. Kurz darauf wurde er ins KZ Dachau verschleppt. Jasper kam 1945 im KZ Bergen-Belsen ums Leben. Die SA hatte das AOK-Gebäude, einen

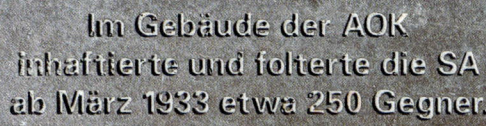

Gedenktafel vor dem AOK-Gebäude für die Opfer nationalsozialistischer Verfolgung

Symbolbau demokratisch-arbeiterschaftlicher Organisation, besetzt und als Gefängnis zweckentfremdet. Etwa 250 politische Gegner wurden hier inhaftiert und gefoltert. Auch die elf Männer, die von den Nazis am 4. Juli 1933 in der Nähe des kleinen Ortes Rieseberg (Rieseberg-Morde) ermordet wurden, waren zuvor im AOK-Gebäude inhaftiert und misshandelt worden.

Anwohner, die gegenüber dem AOK-Gebäude wohnten, berichteten später, dass man die Schreie der Gefolterten die ganze Nacht hören konnte. Ihre Verbrechen begingen die Nationalsozialisten von Anfang an in der Öffentlichkeit.

Zur Erinnerung an die Opfer des NS-Terrors wurde in den Gehweg vor der AOK eine Metallplatte eingelassen.

# Monumente der Schreckenszeit

**Gerade einmal zwölf Jahre vergingen von der Machtübergabe an die Nationalsozialisten bis zur bedingungslosen Kapitulation Deutschlands am Ende des Zweiten Weltkriegs. Zwölf Jahre, die auch heute noch im Braunschweiger Stadtbild präsent sind.**

Das am deutlichsten nach NS-Architektur aussehende Gebäude ist sicherlich die ehemalige Akademie für Jugendführung an der Wolfenbütteler Straße. Die von 1937 bis 1939 errichtete NS-Elitehochschule sollte ein Aushängeschild der Stadt werden, sodass weder Kosten noch Mühen gescheut wurden. Die Ehrenhalle mit ihren hohen Säulen, die Mosaikdecke sowie der Führerbalkon lassen sofort erkennen, in wessen (Un)Geist es errichtet wurde. Nur vier Wochen nach der feierlichen Eröffnung brach der Zweite Weltkrieg aus. Fast alle Dozenten und Schüler wurden zu den Waffen gerufen, sodass die Lehrtätigkeit schon wieder zum Erliegen kam. Seit 1959 ist in den Räumen das Braunschweig-Kolleg sowie seit 2001 das Abendgymnasium untergebracht.

Bonus-Fakt: Schriftsteller Uwe Timm sowie Benno Ohnesorg, der 1967 während einer Demonstration gegen den Besuch des persischen Schahs in Berlin von einem Polizisten erschossen wurde, sind Absolventen des Braunschweig-Kollegs. Uwe Timms Roman „Der Freund und der Fremde" handelt u. a. von Benno Ohnesorg.

Der Akademie für Jugendführung inhaltlich durchaus ähnlich war die ganz im Zeichen der nationalsozialistischen Ideologie stehende und nach dem damaligen Reichsminister für Wissenschaft, Erziehung und Volksbildung Bernhard Rust benannte Hochschule für Lehrerbildung (heute „Haus der Wissenschaft") an der Pockelsstraße. Von 1935 bis 1937 errichtet, hatte man für dieses Gebäude eine andere stilistische Ausprägung des nationalsozialistischen Formenkanons gewählt. Eine expressionistische norddeutsche Backsteinarchitektur vermittelt hier das Pathos der kurzfristigen Machthaber.

Die 1944 im Nußberg errichtete Bunkeranlage ist heute noch gut an der darauf errichteten Aussichtsplattform am Ostrand zu erkennen. Es ist die höchste Stelle des malerischen Prinzenparks.

Ein beliebtes Fotomotiv ist die Skulptur der „Kämpfenden Hirsche" in Riddagshausen. In Auftrag gegeben von der Braunschweiger Landesregierung, wurde sie 1935 zur Einweihung des Reichsjägerhofes „Hermann Göring" in der Buchhorst aufgestellt. Benannt nach Reichsjägermeister Hermann Göring, sollte der Bau des Jägerhofes der Stadt die Gunst der NS-Elite sichern. In diesem Zusammenhang wurde 1936 auch die Waldgaststätte „Grüner Jäger" aufwendig umgebaut.

Haus der Wissenschaft

## Braunschweiger Originale

Nicht nur an große Fürsten, herausragende Literaten oder kluge Erfinder erinnert man sich in der Löwenstadt gerne, sondern auch an vier Menschen, die auf originelle Art und Weise anders waren. Gemeint sind natürlich Harfen-Agnes, Rechen-August, Deutscher Hermann und Tee-Onkel – die Braunschweiger Originale. Bekannt und originell waren sie, glücklich aber kaum.

**Harfen-Agnes**, geboren als Agnes Schosnoski 1866 in Braunschweig, ist heute sicherlich das bekannteste der Originale. Nicht zuletzt dank der großartigen Darstellung von Christian Eitner in den Braunschweig-Musicals der Jazzkantine. Jahrzehntelang zog Agnes mit ihrer Gitarre („Harfe") durch die Straßen und Kneipen der Stadt und trug in Braunschweiger Mundart ihre selbst gedichteten, teilweise frivolen Lieder vor. Noch heute wird ihr Lied „Mensch, saa helle, wenns ooch duster ist" in Braunschweig gerne gesungen. Ihr immer gleiches Erscheinungsbild (Gitarre, Strohhut, langer Schulterumhang und rosa Strümpfe) machte sie sofort erkennbar. Nicht selten soll Agnes unhöflich und frech gewesen sein. Mit den Gassenjungen legte sie sich an, wenn sie deren Spott überdrüssig wurde, denn ihr Aufzug und ihre gelegentlichen epileptischen Anfälle machten sie zu einer leichten Zielscheibe.

**Rechen-August**, geboren als August Tischer 1882 in Braunschweig, verfügte über außergewöhnliche mathematische Fähigkeiten. Er war in der Lage, komplizierte Rechengänge innerhalb kürzester Zeit im Kopf zu lösen. Stets im schwarzen Gehrock und mit zerbeultem Zylinder sowie einer weißen Chrysantheme im Knopfloch, war er in den Braunschweiger Kneipen und Restaurants unterwegs, wo er für ein paar Groschen die

Die Braunschweiger Originale am Rathaus

Rechenaufgaben der Gäste löste. Einer geregelten Arbeit ging er nie nach, auf seine Mitmenschen wirkte er häufig geistig abwesend. Vor dem Ersten Weltkrieg trat er in Varietés in ganz Deutschland auf und wurde allgemein für seine Rechenkünste bewundert. Doch ein festes Engagement erhielt er nie und wegen seiner Naivität wurde er mehrfach um seine Gage betrogen. Enttäuscht kehrte er schließlich in seine Heimatstadt zurück. Seine phänomenalen Rechenfähigkeiten machten ihn zu einem beliebten Objekt der Wissenschaft. Wiederholt versuchten Professoren seine Fähigkeiten zu ergründen – vergebens. Nach seinem Tod stellte sich heraus, dass sein Gehirn 400 Gramm mehr wog als das anderer Menschen.

Der **Deutsche Hermann**, geboren als Julius Skasa 1852 in Koblenz, nahm als Soldat am Krieg gegen Frankreich 1870/71 teil und wurde zum Offizier befördert. Er wurde unehrenhaft aus dem Militärdienst entlassen, weil er für den Tod eines Rekruten beim Schwimmunterricht verantwortlich gemacht wurde. Diesen Schicksalsschlag (vielleicht auch Schuldgefühle) überwand er nie. 1875 kam Skasa nach Braunschweig, wo er als Scheren- und Messerschleifer von Haus zu Haus zog. Dabei trug er eine Uniformjacke, an der es vor Orden und Kriegsauszeichnungen, die er natürlich nie selbst erworben hatte, nur so blinkte. Vereinzelt waren auch Münzen und Kronkorken dabei. Versprach ihm jemand ein paar Groschen, dann nahm er Haltung an, schlug die Hacken zusammen und grüßte militärisch.

Auch der **Tee-Onkel**, geboren als Alfred Kühner 1872 in Braunschweig, hielt sich als Straßenhändler über Wasser. Er verkaufte Seife, Schuhcreme und Kräuter, die angeblich gut für medizinische Tees geeignet waren. Mit dem Ruf „Tee, Tee" zog er durch die Stadt. Für ein kleines Honorar gab er auch weitere Gesundheitstipps.

Lustige Gestalten waren die vier Originale nur in der Hinsicht, dass andere über sie lachen konnten. Bei ihnen handelte es sich um bedauernswerte Mitbürger, denen das Leben nicht sonderlich gut mitgespielt hatte und die nun am Rande der Gesellschaft lebten. Mit ihrer Geschäftstüchtigkeit und Bauernschläue schlugen sie sich mehr schlecht als recht durchs Leben und wurden durch ihre Skurrilität stadtbekannt.
    Alle vier lebten zuletzt unter ärmlichsten Bedingungen. Die drei Männer starben in Braunschweig bzw. Neuerkerode, während Harfen-Agnes 1935 in die Heil- und Pflegeanstalt Königs-

lutter zwangseingewiesen wurde und dort einen Tag nach Beginn des Zweiten Weltkriegs starb.

Die Erinnerung an die Sonderlinge hat die düstere NS-Zeit überlebt. Bereits im Mai 1949 wurden die Braunschweiger Originale bei den Burglichtspielen, einer Veranstaltung des Landesvereins für Heimatschutz, von Schauspielern verkörpert, und noch heute sind die vier Originale in der Stadt präsent. Am Rathausneubau sind sie auf einer großen Fotocollage abgebildet, als Figuren sind sie an Türgriffen zu sehen, wie zum Beispiel Harfen-Agnes und Rechen-August an einer Rathaustür, es gibt sie als Zinnfiguren wie als Sammelteller und sie sind bei den Umzügen des Braunschweiger Karnevals dabei.

Natürlich gab und gibt es noch etliche weitere bemerkenswerte Typen in Braunschweig. Also warum gibt es nur vier Braunschweiger Originale? Ich denke, es liegt auch daran, dass diese vier zur selben Zeit (im späten 19. und frühen 20. Jahrhundert) hervortraten und bereits zu Lebzeiten eine recht hohe Popularität genossen, die ihnen zumindest den Lebensunterhalt sicherte. Fremden Besuchern wurden sie gerne als typisch braunschweigisch vorgeführt und insbesondere Harfen-Agnes und Rechen-August wurden auch hin und wieder zu privaten Festen eingeladen, wo sie zur allgemeinen Belustigung auftraten. Diese vier gehörten schlicht zum Braunschweiger Stadtbild.

**AHA!**

# Braunschweiger Schule

**Nach dem Zweiten Weltkrieg entwickelte sich an der Technischen Hochschule in Braunschweig eine Architekturlehre, die das bauliche Erscheinungsbild vieler Städte im ganzen norddeutschen Raum stark prägen sollte und den exzellenten Ruf der Architekturlehre in Braunschweig begründete.**

Das Etikett „Schule" beschreibt dabei das Phänomen, dass an einem bestimmten Ort und in einem klar umgrenzten Zeitraum prägende Lehrpersönlichkeiten tätig sind, die gemeinsame Ideale vertreten. Die prägenden Lehrer der Braunschweiger Schule waren Friedrich Wilhelm Kraemer, Dieter Oesterlen und Walter Henn – und da sie alle in Braunschweig unterrichteten, spricht man eben von der Braunschweiger Schule. Anfang 1946 wurde Kraemer als Professor an die TH (heute TU) Braunschweig berufen, die sich unter seiner Führung zu einem Zentrum moderner Architektur in

Deutschland entwickelte und eine große Anziehung auf junge Architektur-Studierende ausübte. In den ersten drei Jahrzehnten stiegen die Absolventenzahlen rasant an. Zahlreiche der Absolventen machten nach ihrem Diplom als selbstständige Architekten Karriere, was zu einer weiteren Verbreitung der Ideen der Braunschweiger Schule führte.

Die Braunschweiger Schule knüpfte an die Prinzipien der Moderne an und sollte sich sichtbar vom Bauen im Dritten Reich abgrenzen. Nicht monumentale, neoklassizistische Architektur, sondern eine Kombination von Funktion, Konstruktion und Form sollte nun das bestimmende Element werden. Typisch für die Braunschweiger Schule ist eine gleichmäßige Struktur. Alles wirkt durchdacht und schnörkellos. Gerade Linien und strenge Formen bestimmen das Bild.

Bestes Beispiel für die Braunschweiger Schule dürfte der Forumsplatz der TU mit dem Auditorium Maximum, dem Verwaltungsbau und der Bibliothek sein.

Forumsplatz der
TU Braunschweig

# Im Westen was Neues

**Bei Baubeginn war die Braunschweiger Weststadt das fünftgrößte Baugebiet der damaligen Bundesrepublik. Auf dem Gelände eines von 1916 bis 1945 bestehenden Militärflughafens wurde ab 1960 der neue Stadtteil angelegt. Mit dem Projekt sollte die seit Kriegsende in Braunschweig herrschende Wohnungsnot beendet werden, die noch immer eine Wohnraumbewirtschaftung notwendig machte. Doch die Planstadt wurde zu einem sozialen Brennpunkt.**

Ursprünglich geplant für bis zu 30.000 Bewohnerinnen und Bewohner, leben in der Weststadt heute knapp 24.000 Menschen. Auffälligstes Merkmal des Braunschweiger Stadtteils sind die drei 43 Meter hohen baugleichen Hochhäuser an der Emsstraße. Ursprünglich waren für die Weststadt sogar fünf Hochhäuser geplant. Auch im angrenzenden Rheinviertel sollten nach ursprünglicher Planung größere und höhere Wohnkomplexe entstehen, doch mittlerweile waren die großen Betonklötze in Verruf geraten. Für den Ruf der Braunschweiger Weststadt kam dieses Umdenken der Stadtplaner jedoch zu spät. Mit ihren farblosen Neubauten kam die Weststadt trist, dunkel und wenig einladend daher. Der dichtbesiedelte Stadtteil galt als unpersönlich, asozial und gefährlich und wurde umgangssprachlich schlicht und einfach „Ghetto" genannt. Ein Ort, um den man vor allem nachts lieber einen Bogen machte. Auch für die Braunschweiger Polizei war die Weststadt ein Kriminalitätsschwerpunkt. Zu Einsätzen im Viertel rückten regelmäßig mindestens zwei Funkwagen aus.

So verwundert es auch kaum, dass der Braunschweiger B-Film-Regisseur Andreas Bethmann einen seiner ersten Filme 1991 nach dem verrufenen Stadtteil benannte. In „Das Weststadt Massaker" ließ er einen irren Mörder mit Machete und Heckenschneidemaschine umherschleichen und jeden töten, der ihm über den Weg lief. Bis 1994 drehte Bethmann noch zwei Fortsetzungen und sorgte mit seinem Magazin X-Rated sowie seiner auf Horrorfilme spezialisierten Videothek dafür, dass Braunschweig bei Horrorfans einen guten Ruf genoss.

Natürlich war die Weststadt viel mehr als nur die oft thematisierte Kriminalität. Bunt gemischt und laut ging es im Viertel zu. Als sich in den 90ern der Deutschrap in der Populärkultur etablierte, war Braunschweig eine Hip-Hop-Boomtown und viele der Rapperinnen und Rapper kamen aus der Weststadt. Zum Beispiel der in der Weststadt aufgewachsene Rapper Karsten Löwe, seit 1993 besser bekannt als „Cappuccino". Die Weststadt als Herkunftsort war in dieser Szene kein Makel, sondern die Identität, auf die man stolz war.

Rapper Cappuccino beim Konzert „Rock gegen rechte Gewalt" im Berliner Velodrom, 2001

„Ich scheiss´ auf Stuttgart, Frankfurt, Hamburg und Rest. Ich bin Cappuccino – Braunschweig West", heißt es in einem seiner Songs. Mit seinen Liedern schaffte es der in der Weststadt aufgewachsene Rapper in den 90ern mehrfach in die Charts. Für Til

Schweigers Kinofilm „Der Eisbär" schrieb er den Titelsong und mit seiner Single „Du fehlst mir" kletterte er bis auf Platz fünf der Charts, was ihm eine goldene Schallplatte einbrachte.

Ebenfalls aus Braunschweigs Westen stammt der sehr erfolgreiche Youtuber Gronkh. Gronkh, mit bürgerlichem Namen Erik Range, wuchs in den 80ern als Sohn eines Deutschen und einer Russin in der Weststadt auf, bevor ihm mit „Let's Play"-Videos auf Youtube der Durchbruch gelang. Gronkh spielt und kommentiert Computerspiele und begeistert damit regelmäßig ein Millionenpublikum. Von 2014 bis 2016 war Gronkh der meistabonnierte YouTube-Kanal Deutschlands.

Cappuccino und Gronkh. Gemeinsam nahmen Braunschweigs erfolgreichster Rapper und Braunschweigs erfolgreichster Youtuber 2002 den Song „La Familia" auf. Weststadt hält zusammen.

Doch nichts hält ewig, nicht einmal der Ruf der Weststadt. Im Jahr 2015 bekamen die drei Hochhäuser bunte Farben und im Rahmen des „Stadtumbau West" wurde das Viertel mit der Berücksichtigung von Angst-Räumen saniert: Wege wurden verbreitert und barrierefrei gemacht, Spielplätze für Kinder und Erwachsene geschaffen und helle Fassaden sorgen für ein freundliches Bild. Heute hat der Name Braunschweiger Weststadt einen besseren Klang als noch in den 90ern und den 2000ern.

**AHA!**

## Enten aus der Löwenstadt

**Unter dem Rembrandtschen Goldhelm lugt ein müder Dagobert hervor, Egon Schieles Sitzende wird zur verführerischen Daisy, aus der Büste der Nofretete wird „Duckfretete", in van Goghs Selbstbildnis prangt eine Mäusenase und in Braunschweig thront kein Burglöwe, sondern ein Burghund.**

Dies ist die Welt der Braunschweiger Künstlergruppe „InterDuck". Die Künstlerinnen und Künstler von „InterDuck" stellen sich die Frage, welchen Einfluss hätten die Ducks auf die Werke der wichtigsten Künstler der Vergangenheit gehabt, wenn diese die Comic-Charaktere aus Entenhausen gekannt und geliebt hätten.

In der Wanderausstellung „Duckomenta", deren Name natürlich eine Parodie auf die „documenta" in Kassel ist, werden Bilder und Plastiken ausgestellt, die berühmten Werken nachempfunden sind, nur dass die dargestellten Figuren halt Enten im Stil von Donald Duck sind. Vereinzelt finden sich auch Mäuse-Figuren im Stil von Micky Maus und Hundefiguren im Goofy-Stil in den Kunstwerken.

Verschiedene Werke auf der „Duckomenta"

Die entendurchflutete Kunstwelt des heute in Berlin ansässigen Projektes entstand in den 80er Jahren in den Kreisen der Hochschule für Bildende Künste Braunschweig. Gründungs-Erpel des Projektes war der Braunschweiger Kunstsoziologie-Professor Eckhart Bauer. Bauer verfügt selbst über eine umfangreiche Sammlung von Alltagsgegenständen mit Duck-Design. Als Jugendlicher bekam er seine erste Donaldfigur geschenkt und seitdem sammelten sich unzählige von enten- oder mausgeprägten Utensilien bei ihm an. Über 4000 Stück sollen es sein.

Der unterhaltsame und auch künstlerisch anspruchsvolle Ausflug des „Duckomenta"-Teams in die Kulturgeschichte war schon in zahlreichen namhaften Museen im In- und Ausland zu Gast. Von Oktober 1994 bis Januar 1995 war die Ausstellung auch in ihrer Heimatstadt im Ausstellungszentrum „Hinter Aegidien" des Braunschweigischen Landesmuseums zu sehen.

Seit Ende der 80er Jahre ist die „Duckomenta" auf Tour und mittlerweile finden sich hier Parodien zu Kunstwerken aus fast allen Epochen und auch die großen Namen der Geschichte wie Napoleon, Goethe oder Luther sind im Federkleid vereint.

Ente gut, alles gut.

Braunschweiger Burglöwe in der Goofy-Variante

# Schlagzeilen und Skandale

**Skandale sind so etwas wie das Salz in der Suppe. Den Menschen bieten sie Unterhaltung und den Medien Schlagzeilen, die große Aufmerksamkeit garantieren. Auch die Löwenstadt ist keineswegs skandalfrei.**

„Man nehme: gegen Epilepsie lebendig verbrannte und dann pulverisierte Maulwürfe […] gegen Trunksucht eine lebendig entzweigerissene Kröte, deren Asche in Schnaps zu trinken ist", so zu lesen in einer Ausgabe des „6. und 7. Buches Moses", die der Braunschweiger Planet-Verlag zu Beginn der 50er Jahre auf den Markt brachte. Mit dem Moses, der laut Bibel fünf Bücher hinterließ, hat das natürlich nichts zu tun. Seit Beginn des 19. Jahrhunderts in verschiedenen Varianten wiederholt aufgetaucht, handelt es sich um eine Sammlung von alten Bauernregeln, Zaubersprüchen, Ratschlägen über den Umgang mit Hexen sowie medizinische Rezepte. Aufgemacht wie das Neue Testament und mit einem roten Totenkopf versiegelt, soll sich diese Quacksalberei eine Zeitlang im diskreten Versand gut verkauft haben. Der Hamburger Volksschullehrer Johann Kruse sah in dem Buch eine Anleitung für Kurpfuscher sowie eine Aufforderung zur Tierquälerei und zeigte die beiden Verleger des Planet-Verlages an. Wegen fortgesetzten Betruges, Aufforderung zum Begehen strafbarer Handlungen und Verstoßes gegen die Wettbewerbsbestimmungen wurden die geschäftstüchtigen Männer im Dezember 1956 vom Erweiterten Schöffengericht Braunschweig zu 10.000 Mark Geldstrafe verurteilt. Die Verurteilten legten jedoch Berufung ein und der Prozess zog sich jahrelang durch die Instanzen wie durch die Presse. Er endete 1961 mit einer Verurteilung der Verleger zu einer Geldstrafe von 600 Mark.

Gegen Ende der 50er Jahre kam die Braunschweiger Staatsanwaltschaft auf den Trichter, dass beim Kegelclub „Goldene Neun" nicht nur die Kugel geschoben wurde. Zwar nie ins Vereinsregister eingetragen, aber doch dem Keglerverband beigetreten, war die „Goldene Neun" ein Zusammenschluss lokaler Krimineller, die vor allem mit Prostitution ihr Geld verdienten. 15 Männer gehörten dem Club an, in dessen Vereinslied es hieß: „Wir sind die einigen Brüder vom Kegelklub ‚Goldene Neun'. Wir lieben schöne Mädchen und auch den goldenen Wein." Im Hinterzimmer der Braunschweiger „Petriklause" pflegte man zu tagen und führte dabei fast schon spießbürgerlich Protokoll. Weniger spießbürgerlich ging es beim erbitterten Machtkampf mit dem konkurrierenden Sparverein „Unter uns" zu, dessen Höhepunkt eine handfeste Schlägerei zwischen den Vorsitzenden beider Vereine war. Unerfreuliche Dinge für den Kegelclub wurden auf einer Sitzung am 3. Juni 1955 verhandelt, in deren Protokoll vermerkt wurde: „Antrag, einige Brüder sollten nach Berlin fahren, um dort mal nach dem Rechten zu sehen, wurde einstimmig angenommen." Befreundete Berliner Vereine waren von der Polizei hopsgenommen worden und hatten über ihre Kontakte zu den Braunschweiger Kollegen ausgepackt. Ab dem 29. April 1957 wurde den Mitgliedern der Vereine „Goldene Neun" und „Unter uns" vor dem Landgericht Braunschweig der Prozess gemacht. Mehrere Angeklagte wurden wegen Zuhälterei verurteilt.

Nicht ganz wie von vielen Besuchern erwartet, verlief der Auftritt des Wiener Aktionskünstlers Otto Muehl in der Hochschule für Bildende Künste 1969. 20.000 Braunschweigerinnen und Braunschweiger protestierten im Anschluss sogar mit ihrer Unterschrift gegen diese „Verletzung der menschlichen Würde in einer staatlichen Institution". Was war geschehen? Während der Veranstaltung „O Tannenbaum – O Muehl" am Abend des 16. Dezember hatte der splitternackte Künstler ein Schwein auf der Bühne schlachten lassen. Das Blut fing er in einem Eimer auf und übergoss damit seine ebenfalls nackte Partnerin. Anschließend urinierte er auf die Frau und kackte auf den Schweinekadaver, dazu wurden Weihnachtslieder über Lautsprecher gespielt. In der gesamten Bundesrepublik machte die Aktion Schlagzeilen und Braunschweig erlebte seinen bis heute größten Kunstskandal.

Otto Muehl vor einem seiner Bilder

Dabei waren die fünfhundert Besucher, die in der Aula Platz genommen hatten, vor Beginn der Veranstaltung über Lautsprecher detailliert über das, was ihnen zugemutet werden sollte, informiert wurden und es blieb ihnen freigestellt, ihre drei Mark Eintrittsgeld zurückzufordern und den Saal zu verlassen.

Das Kultusministerium untersuchte den Fall und der Rektor der Hochschule, Professor Voigt, legte für die Dauer der Untersuchungen sein Amt nieder. Gegen Muehl und alle an der Aktion Beteiligten ermittelte auch die Polizei wegen Erregung öffentlichen Ärgernisses, stellte das Ermittlungsverfahren im Mai des folgenden Jahres aber wieder ein.

Die Pointe gab es zwei Wochen nach Muehls Aktion beim traditionellen Silvesterball in der Braunschweiger Stadthalle. Showmaster Rudi Carrell erzählte hier folgenden Witz: „Ein Mädchen kommt voller Blut nach Hause. Auf die Frage seines Vaters, wo kommt das Blut her, erwidert es, ich habe noch einmal Schwein gehabt." Die Lacher hatte der Holländer auf seiner Seite.

Um die Kunstfreiheit und Freiheit im Allgemeinen ging es auch beim Streit zwischen dem Satiriker Hartmut El Kurdi und Oberbürgermeister Dr. Gert Hoffmann. Der erfolgreiche Schriftsteller El Kurdi, dessen Bühnenstück „Boomtown Braunschweig" mehrmals auf dem Spielplan des Braunschweiger Staatstheaters stand, hatte im Stadtmagazin „Subway" wiederholt Hoffmann und dessen NPD-Vergangenheit kritisiert. Hoffmann fühlte sich diffamiert und beleidigt, sodass im April 2007 allen städtischen Institutionen die Weisung erteilt wurde, sich an Veranstaltungen mit Hartmut El Kurdi nicht zu beteiligen. Das kam einem faktischen Auftrittsverbot bei städtisch finanzierten Kulturveranstaltungen gleich. Auflagenstarke Zeitungen wie „Zeit" und „taz" berichteten über die Ereignisse in Braunschweig und sprachen von einer Einschränkung der Meinungsfreiheit. Auch der Deutsche Kulturrat in Berlin erhob schwere Vorwürfe gegen Hoffmann und sprach von einem „Kontaktverbot". Hoffmann zeigte sich von der Kritik jedoch unbeeindruckt und nahm die umstrittene Anweisung nicht zurück. Der in Braunschweig ungelittene Autor musste nach Hannover auswandern.

# Primetime

**Im deutschen Fernsehen spielt Braunschweig nur selten eine Rolle. Umso bemerkenswerter, dass 1979 gleich zwei Straßenfeger aus Braunschweig über die Mattscheibe flimmerten.**

In jenem Jahr bekam die zweitgrößte Stadt Niedersachsens endlich einen eigenen Tatort-Ermittler. In der 97. Tatort-Folge „Alles umsonst" deckt der Braunschweiger Kommissar Nagel, gespielt vom großartigen Diether Krebs, ein heimtückisches Verbrechen in der Löwenstadt auf. Es blieb bei diesem einen Auftritt von Diether Krebs. Offiziell heißt es, der Schauspieler sei nur als Ersatz eingesprungen und eine Fortsetzung niemals geplant gewesen. Erst 2009 kehrte die beliebte ARD-Krimireihe nach Braunschweig zurück. Die Hannoveraner Hauptkommissarin Charlotte Lindholm, Maria Furtwängler, verschlägt es in ihrem 15. Fall hierher, wo sie den Braunschweiger Kollegen bei der Aufklärung einer Mordserie unter die Arme greift. 2016 feierte die Filmreihe mit der eintausendsten Folge ein großes Jubiläum und wieder war Kommissarin Lindholm dabei, diesmal unterstützt von ihrem Kieler Kollegen Borowski. Die Folge „Taxi nach Leipzig". war eine Hommage an den allerersten Tatort von 1970 und wurde unter anderem in Braunschweig gedreht.

Diether Krebs als Kommissar Nagel beim Verhör

Ebenfalls im Jahr 1979 beteiligte sich die Stadt Braunschweig an der Fernsehsendung „Allein gegen alle". In der von Max Schautzer moderierten und live gesendeten Quizsendung trat ein Zuschauer gegen eine ganze Stadt, in diesem Fall Braunschweig, an. Die Fernsehsendung basierte auf einer monatlichen Radio-Sendung des ARD-Hörfunks, die von 1963 bis 1977 ausgestrahlt wurde. Bereits in den 60ern hatten die damals 246.000 Einwohnerinnen und Einwohner Braunschweigs, angeführt von ihrer Bürgermeisterin Martha Fuchs, an der von Hans Rosenthal moderierten Radio-Sendung teilgenommen.

Zweimal kam die ZDF-Show „Wetten dass..?" aus Braunschweig (2002 und 2009) und lieferte mit Sarah Connors Auftritt in der VW-Halle auch gleich einen Skandal. Tagelang rätselte Deutschland, ob die Sängerin unter ihrem Kleid, das im Scheinwerferlicht transparent erschien, Unterwäsche getragen habe oder nicht.

Doch bereits zuvor war Braunschweig in einer Außenwette der beliebten Fernsehsendung zu sehen gewesen. In der Sendung vom 8. November 1997 wetteten die Footballspieler der Braunschweig Lions, dass sie ein Tauziehen gegen eine historische Straßenbahn gewinnen würden. Sie gewannen den Wettbewerb in der Langen Straße und wurden von 20.000 Schaulustigen gefeiert, die das Ereignis am Hagenmarkt auf einer Großleinwand verfolgten.

Der Braunschweiger Burgplatz ist vor allem bei Geschichtsdokus beliebt. Hier wurde unter anderem für die dritte Folge „Barbarossa und der Löwe" (2008) der populären Dokumentationsreihe „Die Deutschen" gedreht, wie auch für die NDR-Reihe „Die Welfen – Wege einer Dynastie" (2004).

## Weitere Filme...
mit Handlungs- oder Drehort in Braunschweig

**Der schwarze Husar (1932):** Kampf des Schwarzen Herzogs gegen Napoleon.

**Schwarzer Jäger Johanna (1934):** Junge Frau verkleidet sich als Mann und kämpft an der Seite des Schwarzen Herzogs.

**Im Zeichen des Kreuzes (1983):** Schildert die Folgen eines Atomunfalls in Niedersachsen.

**Hitlerjunge Salomon (1990):** Erzählt das Leben des Juden Sally Perel, der als Mitglied der Hitlerjugend die Nazis überlebte.

**Mord im Haus des Herrn (2002):** Krimi. Angelehnt an den Fall Klaus Geyer.

**66/67 – Fairplay war gestern (2009):** Erzählt von einer Clique gewaltbereiter Fans von Eintracht Braunschweig sowie über Loyalität und Erwachsenwerden.

**Der ganz große Traum (2011):** Geschichte des Braunschweiger Fußballlehrers Konrad Koch.

**Hänsel und Gretel: Hexenjäger (2013):** Mittelalter und Magie.

**Sky Sharks (2020):** Nazi-Zombies auf fliegenden Haien. Gedreht in Braunschweig im kleinsten Filmstudio Deutschlands. Die Effekte können sich sehen lassen.

# Hinter der Leinwand

**Seit Jahren begeistern der Regisseur Thomas Arslan und der Synchronsprecher Marios Gavrilis ein großes Publikum und werden mit Preisen ausgezeichnet. In ihrer Heimatstadt sind die beiden gebürtigen Braunschweiger vergleichsweise unbekannt.**

Thomas Arslan gilt als Vertreter der Berliner Schule und wurde für seine Filme wiederholt ausgezeichnet. Am 16. Juli 1962 in Braunschweig als Sohn eines türkischen Vaters und einer deutschen Mutter geboren, wuchs Thomas Arslan von 1963 bis 1967 in Essen und von 1967 bis 1971 im türkischen Ankara auf. Nach einem Germanistikstudium in München wechselte er 1986 an die Deutsche Film- und Fernsehakademie Berlin, wo er sechs Jahre Regie studierte. Seit 2007 ist er selbst als Dozent an der Universität der Künste in Berlin tätig.

Thomas Arslan beim Filmfestival von Sevilla

Für das „Kleine Fernsehspiel" des ZDF entstand 1994 sein Langfilmdebüt „Mach die Musik leiser". Bekannt wurde Thomas Arslan durch seine Berlin-Trilogie („Geschwister – Kardeşler" / „Dealer" / „Der schöne Tag") über das Leben von Jugendlichen und jungen Erwachsenen türkischer Herkunft in Deutschland. Mit dem von der Kritik hoch gelobten Gangsterfilm „Im Schatten" konnte Arslan 2010 an diesen Erfolg anknüpfen und mit dem Western „Gold" war er 2013 erstmals auf der Berlinale vertreten.

Marios Gavrilis auf der German Comic Con in Dortmund

Wer regelmäßig Filme oder Serien guckt, dem kommt Marios Gavrilis' Stimme mit Sicherheit bekannt vor. Denn der gebürtige Braunschweiger ist einer der gefragtesten deutschen Synchronsprecher.

Geboren 1986 in Braunschweig, verbrachte er seine Jugend in Querum und Volkmarode. Die Löwenstadt verließ er erst nach dem Abitur, um ein Schauspielstudium zu beginnen. Relativ früh fiel dabei seine tolle Stimme auf, mit der ihm dann der große Durchbruch gelang. Seine erste Sprecherrolle war ein Pinguin in der „Sesamstraße" und von dort ging es steil nach oben. Seinen endgültigen Durchbruch feierte er 2017 mit der Netflix-Serie „Haus des Geldes", in der er die etwas durchgeknallte Figur Denver synchronisierte. Denver und vor allem dessen Lachen machten ihn berühmt und waren im deutschsprachigen Raum für die Popularität der Serie maßgeblich mitverantwortlich.

„Haus des Geldes" endete bereits 2021. Seitdem war Marios Gavrilis in bekannten Serien wie „One Piece", „The Falcon and the Winter Soldier" oder der gefeierten australischen Miniserie „The Tourist" zu hören.

Da fast alle großen Filme und Serien in Berlin synchronisiert werden, lebt er heute abwechselnd dort und in Los Angeles. Dass er seine Braunschweiger Wurzeln nie vergessen hat, bewies zuletzt 2022 sein Beitrag im Video zur Namensrettung des Eintracht-Stadions.

## POPULÄRER IRRTUM

# Schoduvel

**„Schoduvel" heißt das närrische Treiben in der Löwenstadt, was so viel wie „den Teufel scheuchen" bedeutet. Stolz sind die Braunschweiger Karnevalistinnen und Karnevalisten, dass ihr Umzug der mit Abstand längste in Norddeutschland und nach Köln, Düsseldorf und Mainz auch der viertgrößte in Deutschland sei. So ganz stimmt das jedoch nicht.**

Auch die rheinische Karnevalshochburg Eschweiler nahe Aachen nimmt für sich in Anspruch, seit Mitte des 20. Jahrhunderts regelmäßig den mindestens viertgrößten Rosenmontagszug der närrischen Republik zu haben. Und tatsächlich waren zumindest in den vergangenen Jahren die Teilnehmerzahlen in Eschweiler höher als in Braunschweig.

Dafür ist der Ursprung des Braunschweiger Karnevals definitiv älter als der in Eschweiler. Erstmals erwähnt ist der „Schoduvel" nämlich im Schichtbuch der Stadt Braunschweig aus dem Jahr 1293.

„lepen sunderliche schoduvel unde hadden grote danße in dem vastelavende unde sunderliche lage" (begannen den sonderlichen Schoduvel und hatten großen Tanz am Fastelabend und ihr sonderliches Fest), heißt es dort. Damit ist der Braunschweiger Karneval urkundlich sogar älter als der Kölner Karneval. Für das Jahr 1474 findet sich im Braunschweiger Urkundenbuch bereits eine ausführliche Beschreibung des Maskentreibens: Die Kostüme sollten in grau und rot gestaltet sein, mit gleichfarbigen Masken und einem Filzhut mit drei Straußenfedern.

Hervorgegangen ist der Karneval aus heidnischen Umzügen mit Verkleidungen und Albernheiten. Fastnachtspossen und Mummenschanz machten die letzten Tage vor der anbrechenden Fastenzeit zu einer ebenso ausgelassenen wie heiteren Zeit. In den Dörfern des Braunschweiger Landes tanzten Knechte und

Mägde, durch ihre Verkleidung unkenntlich gemacht, zu Musik auf der Straße und drangen in fremde Häuser ein, wo sie mit den Bewohnern aßen und tranken und sie zu verschiedenen Spielen nötigten. In der Stadt selbst ging das lustige Treiben etwas organisierter vor sich und gilt unter Historikern unter anderem auch als Kampfmittel in den sozialen Auseinandersetzungen zwischen Stadtrat und Gilden. Denn im Zeichen des Fastenabends herrschte allgemein die Freiheit, zu tun und zu lassen, was man wollte, eben die berühmte Narrenfreiheit.

Zwischen dem 15. und 18. Jahrhundert kam es in Braunschweig deshalb immer wieder zu Fastnachtsverboten und Verboten des Schoduvel-Laufens, weil das lustige Treiben wohl gar zu wild zu werden drohte. Regelmäßig prangerten die Fastnachtskritiker

Mit dem Teufel wird auch der Winter weggefegt

das maßlose „Fressen und Saufen" an und der Kirche war der heidnische Spaß sowieso ein Dorn im Auge. Das närrische Volk im Zaume zu halten, kostete allerlei Anstrengungen.

Danach schien das Interesse am Schoduvel aber nachzulassen und er verschwand für längere Zeit aus Braunschweig. Eine durchgehende Karnevalskultur vom 13. Jahrhundert bis heute gibt es in Braunschweig nicht und mit dem heutigen Karnevalsumzug hat der historische Schoduvel kaum Gemeinsamkeiten. Wiederbelebt wurde der Braunschweiger Karneval nämlich erst 1872 durch die vom Braunschweiger Unternehmer Max Jüdel initiierte Gründung der Braunschweiger Karnevalsgesellschaft. Die Eschweiler Karnevalsvereinigung ist übrigens ein paar Jahre älter. Es entstand die heutige (rheinische) Form des Karnevals mit dem Elferrat, Prunksitzung und Büttenreden. Damals wie heute gilt: Mit lachendem Gesicht können die Narren und Närrinnen in der Bütt Dinge aussprechen, die den angesehenen Bürgern oder den Stadtvätern versagt sind.

Noch Anfang des ersten Weltkriegsjahres, im Januar 1939, wurde der Braunschweiger Karneval gefeiert, um bereits 1948 wiederbelebt zu werden. Der Humor half den Braunschweigerinnen und Braunschweigern dabei, die zurückliegenden düsteren Jahre hinter sich zu lassen. Beim Schunkeln und Klatschen ließen sich die Alltagssorgen leichter vergessen.

Im Jahr 1978 hatte der damalige Braunschweiger Oberbürgermeister Gerhard Glogowski die Idee für einen Kinder-Karnevalsumzug und initiierte die Gründung des „Komitee[s] Braunschweiger Karneval" – die Geburtsstunde des heutigen Schoduvel-Umzuges.

Seitdem zieht am Sonntag vor Rosenmontag ein Narrenlindwurm durch die Stadt und die Teilnehmerinnen und Teilnehmer werfen zentnerweise „Bollchen" in die Zuschauermenge. Live im Fernsehen übertragen wird das Spektakel bereits seit 1996 vom NDR.

Zahllose Arbeitsstunden investieren die Teilnehmerinnen und Teilnehmer in die prachtvoll geschmückten und kreativ gestalteten Wagen. Neben den rund 140 Motivwagen bilden bis zu

Sessionseröffnung im Altstadtrathaus – Till Eulenspiegel (l.) im Gespräch mit dem Oberbürgermeister von Braunschweig

60 Musik- und Spielmannszüge den Karnevalszug. In bester karnevalistischer Tradition halten manche der Motivwagen der kommunalen Politik den Narrenspiegel vor und kritisieren soziale und gesellschaftliche Missstände.

Nicht fehlen dürfen dabei die drei Symbolfiguren des Braunschweiger Karnevals – bestehend aus „Schoduvel", „Erbsenbär" und „Frühling". Der „Schoduvel" ist eine furchterregende Teufelsgestalt mit grimmiger Holzmaske und einem Filzhut, die während des Umzugs von Hexen mit ihren Besen gescheucht wird. Neben der Teufelsgestalt läuft der Winterdämon „Erbsenbär", ein in Erbsenstroh gewickelter Bär, der von Mägden an einem Strick durch die Straßen geführt wird. Die dritte Figur im Bunde ist der „Frühling", der von einer Frau im Blumenkleid und kleinen Maiglöckchen-Kindern dargestellt wird.

Das traditionelle Dreigestirn hingegen besteht in Braunschweig aus dem Bauern, dem Prinzen und natürlich aus Till Eulenspiegel.

Nicht immer war dem Braunschweiger Karneval das Glück hold: gleich der erste Karnevalumzug 1979 musste wegen Schneetreibens kurzfristig abgesagt werden, 1991 kam der Zweite Golfkrieg dazwischen, 2015 eine Terrorwarnung und 2021 wie 2022 die Corona-Pandemie.

## Braunschweiger Zeit

**Wie spät ist es gerade? Wenn Sie jetzt auf Ihre Funkuhr oder ihr Smartphone geschaut haben, kommt die Antwort aus Braunschweig.**

Mit der Verbreitung der gesetzlichen Zeit ist in Deutschland seit 1978 die Physikalisch-Technische Bundesanstalt (PTB) in Braunschweig beauftragt. Um selbst zu wissen, was die Stunde geschlagen hat, betreibt die PTB mehrere Atomuhren. Das sind die derzeit genauesten Uhren, mit denen man eine Sekunde auf 16 Nachkomma-Stellen genau messen kann. Die erste Atomuhr CS1 (Caesium-Eins) wurde in der PTB bereits 1969 in Betrieb genommen. Sie läuft heute noch. Im Jahr 1999 wurde mit der Caesium-Fontänenuhr eine neue Generation von Atomuhren in Betrieb genommen. Sie ist so genau, dass sie nur um eine Sekunde in dreißig Millionen Jahren abweicht.

Einfahrt der PTB Braunschweig

Natürlich wird hier nicht nur die Zeit gemessen. Immerhin ist die PTB das zweitgrößte Metrologie-Institut der Welt (Metrologie ist die Wissenschaft vom exakten Messen) und in Deutschland die oberste Instanz bei allen Fragen des richtigen Messens.

Im Jahr 1887 von Werner von Siemens initiiert, ringen die Wissenschaftlerinnen und Wissenschaftler der Großforschungsanstalt seitdem um das richtige Maß. In Braunschweig wird unter anderem zu Masse, Geschwindigkeit, Akustik, Dynamik und vielen weiteren Bereichen gemessen und geforscht. Um Grundlagenforschung zur Neutronen- und Festkörperphysik betreiben zu können, unterhielt die PTB von 1967 bis 1995 einen eigenen Atomreaktor. Drei Jahre dauerte die Bauzeit des Schwimmbadreaktors, in dem hochangereichertes Uran als Kernbrennstoff verwendet wurde. Nach der Stilllegung des Reaktors wurden die Brennelemente im Rahmen der Nichtverbreitungspolitik von Kernmaterial zurück in die Vereinigten Staaten transportiert, 190 Tonnen bestrahlte und kontaminierte Stilllegungsabfälle befinden sich jedoch bis heute in Spezialfässern in der PTB.

Im Mittelalter reichte den Braunschweiger Händlern die Braunschweiger Elle, die vor 500 Jahren als verbindliches Längenmaß in der Stadt eingeführt wurde und 57,07 cm maß. Wie groß die Elle der Braunschweigerinnen und Braunschweiger heute ist, wollten die Forscherinnen und Forscher der PTB 2007 an einem Tag der offenen Tür herausfinden. Mit Hilfe eines im Fachbereich entwickelten Laser-Entfernungsmessgerätes wurden bei insgesamt 263 Besuchern die persönlichen Ellen vermessen. Es stellte sich heraus, dass das Ellenmaß einem Viertel der Körpergröße entspricht, unabhängig von Geschlecht und Alter. Der größte Besucher war übrigens zwei Meter groß, mit einer Elle von 52,9 Zentimetern und die größte weibliche Besucherin war nur zwei Zentimeter kleiner und maß eine Elle von 52,3 Zentimetern.

Um immer genauer messen zu können, entwickeln die Braunschweiger Forscherinnen und Forscher immer neue Methoden und Geräte. Auch in unserem Alltag spielen die hypergenauen Messwerte aus der PTB eine wichtige Rolle. Datenübertragung bei Fernsehen und Internet, medizinische Diagnosewerte, die Waage im Supermarkt oder die Zapfsäule an der Tankstelle – ohne exakte, einheitliche Messwerte läuft nichts.

Die primäre Atomuhr CS2 der PTB

Neustadt-
rathaus

# Rathaus und Bierbörse

Im Gegensatz zum häufig gerühmten Altstadtrathaus findet das historische Neustadtrathaus wenig Beachtung. Es ist ein Baudenkmal, an dem zumeist achtlos vorbeigefahren wird. Kein Wunder, steht es doch seit dem verkehrsgerechten Ausbau der Innenstadt so dicht an der Fahrbahn, dass nicht einmal mehr Platz für einen Fußweg ist.

Dass es sich bei dem Gebäude um das 1294 erstmals erwähnte Rathaus für das Weichbild Neustadt handelt, weiß kaum jemand. Bekannter ist die „DAX Bierbörse", die sich seit 1994 im Neustadtrathaus befindet und ein beliebter Partytreff von Jung und Alt ist.

Im Mittelalter bestand das Gebäude aus einem langen rechteckigen Kernbau mit Ratssaal im Obergeschoss, Kaufhalle im Erdgeschoss sowie Weinkeller. Wie bereits zuvor das Altstadtrathaus erhielt um 1452 auch das Neustadtrathaus einen gotischen Laubengang. Angebracht an der Nordseite sind die Lauben dort heute noch zu sehen.

Die heutige Gestalt des Gebäudes geht auf Umbauten der Jahre 1771–75 und 1784/85 zurück. Dabei erhielt das Bauwerk sein frühklassizistisches Erscheinungsbild nach Entwürfen des Braunschweiger Architekten Ernst Wilhelm Horn.

# Wasserturm ohne Wasser

Nicht nur in Pisa haben Türme eine eigenwillige Neigung. Auch der Wasserturm im Braunschweiger Bürgerpark neigt sich seit einigen Jahrzehnten leicht zur Seite. Schuld daran ist der Baugrund, an dem nur wenige Meter entfernt die Oker vorbeifließt. Kurioserweise handelt es sich bei dem schiefen Turm überhaupt nicht um einen echten Wasserturm.

Was hier 54 Meter in die Höhe ragt, war eigentlich Druckausgleichsturm und zugleich Schornstein eines Wasserwerkes. Nun passte dieses Sinnbild der Industrialisierung bei seiner Errichtung 1864 überhaupt nicht ins mittelalterlich geprägte Stadtbild. Kurzerhand ummauerte man den Schornstein mit einer Fassade aus Muschelkalkstein, die an die Braunschweiger Kirchen erinnern sollte. Eine gute Entscheidung. Während das Wasserwerk seit 1965 Geschichte ist, hat der Turm bis heute nichts von seinem neugotischen Charme verloren und ist nun das Schmuckstück des Steigenberger Parkhotels, das 2013 eröffnete und den denkmalgeschützten Turm mitsamt Maschinenhalle integrierte. Der Turm ist begehbar, für die Öffentlichkeit aber nicht freigegeben.

Mittlerweile ist der Wasserturm selbst um eine zusätzliche Attraktion reicher. Seit 2014 steht auf ihm die vier Meter große Skulptur „Türmer", die an die Tradition der Turmwächter erinnert, deren Aufgabe es war, vom höchsten Turm Ausschau zu halten und die Stadt vor Gefahren zu warnen.

Der in Braunschweig geborene Künstler Klaus Stümpel schuf die schmale Figur, die mit Sockel 2000 Kilogramm wiegt, in seinem Atelier im italienischen Pistoia. Finanziert wurde sie durch eine Idee der Braunschweiger Bürgerstiftung. Diese ließ 42 Stück der Figur „Kleiner Türmer" herstellen, die 54 Zentimeter maßen, und verkaufte sie für 3000 Euro an Braunschweiger Kunstliebhaber.

Wasserturm mit Türmer

# Überall Löwen

**Bereits im Mittelalter war der Löwe das Wappentier der Braunschweiger Herzöge und ist heute aus der Stadt nicht mehr wegzudenken. Löwen zieren in Braunschweig Hausfassaden, Fensterläden und sogar Gullydeckel, Touristen kaufen kleine Löwen als Souvenir.**

Auf der Stadtflagge ist der stehende Löwe mit gespreizten Krallen und gestreckter Zunge ebenso zu sehen wie auf den Trikots der Sportvereine von Eintracht Braunschweig, Freie Turner, MTV, dem Polizeisportverein oder dem HSC Leu. Bereits in den 60ern sangen die Eintracht-Fans „Helmut, Lass die Löwen raus!", weswegen es kaum überraschen konnte, dass das neue Maskottchen, das der Verein im Juni 2006 präsentierte, ein Löwe war. Allerdings

Manager Wolfgang Loos (l.) und Kurt Lange vom Sponsor BS Energy (r.) überreichen Filmtiertrainer Joe Bodemann einen Scheck für das neue Eintracht-Maskottchen Charly

kein Mensch in einem Löwenkostüm, sondern ein waschechtes vier Monate altes Löwenbaby namens Charly. Charly kam aus dem Filmtier-Park von Tiertrainer Joe Bodemann, gemeinsam übernahmen die Eintracht und ihr Hauptsponsor BS-Energy für 1000 € die Patenschaft. Wenige Monate später wollte die Eintracht ihr Maskottchen gerne mit zum Auswärtsspiel nach Köln nehmen. Mit dem FC-Maskottchen Geißbock Hennes wären damit erstmals zwei Tiere in einem Stadion gewesen. Doch das Kölner Veterinäramt hielt nichts davon, dass „Raubkatze auf Nutztier" trifft und machte dem Ganzen einen Strich durch die Rechnung. Fußballstadien sind schließlich keine Zoos. Charly lebt bis heute im Filmtier-Park in Eschede und kann dort besucht werden.
Dass auch die **Basketball Löwen**, die **New Yorker Lions** und die Handballer des MTV als Maskottchen einen Löwen haben, wundert in der Löwenstadt niemanden. Auf dem Wappen der Technischen Universität Braunschweig prangen sogar gleich drei Löwen. Der **Löwenbäcker** verkauft **Löwenbrötchen**, TeeGschwendner den **Löwentee**, **Löwe Workwear** Berufsbekleidung, Gewürze bekommt man bei **Löwenkraut**, Medikamente in der **Löwen-Apotheke** und die Braunschweigische Landessparkasse verkauft den **Löwen+-Fond**, denn Braunschweigs Banker „sind Löwen, wenn es um Rendite geht".
Immer auf dem Laufenden bleibt man mit der App **Löwenbündel**, unter anderem darüber, welche Restaurants sich in der Nähe befinden. Wie den **Löwengarten** am Prinzenpark, den **Löwen Grill** gegenüber des Nordcampus, den **Löwen Tresor** im ehemaligen Bankgebäude des Bankhauses Löbbecke, die **Löwen|Kruste** oder die **Löwenkrone**, das Restaurant in der Stadthalle, gar nicht weit entfernt vom Magniviertel, das vom **Löwenstieg** mit dem Löwenwall verbunden wird. Im Oktober 2022 war die Kabel1-Sendung „Mein Lokal, Dein Lokal" in Braunschweig unter anderem im **Löwen Diner** zu Gast.
Auf dem Braunschweiger Weihnachtsmarkt trinkt man nicht einfach Glühwein, sondern **Löwenpunsch**. Bücher werden gedruckt vom **Löwendruck**, fit halten kann man sich bei **Löwen Fitness** und

Minigolf im Dunkeln spielen bei den **Schwarzlichtlöwen**. Der Podcast der Braunschweiger Zeitung über Eintracht Braunschweig nennt sich **Löwengebrüll** und Braunschweigs Reitturnier heißt **Löwen Classics**.

Menschen mit körperlichen Handicaps hilft die Stiftung **Löwenbrücke** und für bessere Lebensbedingungen in Sierra Leone engagiert sich **Löwe für Löwe**.

Einen **Marketing-Löwen** vergibt der Marketing Club. Diesen Preis gewann 2013 die Fahrradinitiative Braunschweig für ihren speziell für diese Region gestalteten **Löwenhelm**.

Das alles ist keine völlig neue Entwicklung. 1991 initiierte der Arbeitsausschuss Innenstadt das erste **Löwenfest** auf dem Kohlmarkt und der erste Obi-Baumarkt in der Stadt wurde 1985 als **Grüner Löwe** eröffnet. Ältere Braunschweigerinnen und Braunschweiger erinnern sich bestimmt noch an das Restaurant **Goldener Löwe** am Hagenmarkt.

Auf einer Podiumsdiskussion 2016 betonte der ehemalige Braunschweiger Oberbürgermeister und ehemalige niedersächsische Ministerpräsident Gerhard Glogowski: „Aus dem **Löwen** ziehen wir unsere Kraft". Man darf gespannt sein, welche Löwen und Löwennamen den Braunschweigerinnen und Braunschweigern in Zukunft noch einfallen.

Braunschweigs Bewerbung zur Kulturhauptstadt 2010 – natürlich mit einem Löwen

# Das Quiz für echte Braunschweig-Experten

**1. Wie wurde der Burglöwe viele Jahrhunderte lang genannt?**

a) Burgwache
b) Leu
c) Löwenstein

**2. Auf welchem Mark-Schein war Carl Friedrich Gauß abgebildet?**

a) 5-Mark-Schein
b) 10-Mark-Schein
c) 20-Mark-Schein

**3. Welchen Zwergplaneten entdeckte Gauß wieder?**

a) Ceres
b) Pluto
c) Eris

**4. Wer wurde 1830 aus BS vertrieben?**

a) Diamantenherzog
b) Sonnenkönig
c) Blumenprinz

**5. Wer verlieh Braunschweig das Stadtrecht?**

a) Heinrich der Löwe
b) Lothar von Süpplingenburg
c) Barbarossa

**6. Wer war der einzige Braunschweiger auf dem Kaiserthron?**

a) Heinrich der Löwe
b) Wilhelm II.
c) Otto IV.

**7. In welchem Jahrhundert wurde Braunschweig Großstadt?**

a) 14. Jahrhundert
b) 18. Jahrhundert
c) 19. Jahrhundert

**8. Wie hieß die Braunschweigerin, die als erste Frau ein Ministeramt bekleidete?**

a) Ricarda Huch
b) Martha Fuchs
c) Minna Faßhauer

**9. Welchen Namen trug die in Braunschweig entwickelte Architekturlehre?**

a) Braunschweiger Schule
b) Braunschweiger Klasse
c) Braunschweiger Stil

**10. Was machte die Künstlergruppe „Interduck" aus dem Burglöwen?**

a) Burgente
b) Burghund
c) Burgmaus

**11. Wie hieß die größte Braunschweiger Verbrauchermesse?**

a) Harz und Herzlich
b) Brocken und Braunschweig
c) Harz und Heide

**12. Wer spielte den bisher einzigen Braunschweiger Tatort-Kommissar?**

a) Diether Krebs
b) Heino Ferch
c) Jan Fedder

**13. Welcher Braunschweiger Oberbürgermeister war nicht niedersächsischer Innenminister?**

a) Otto Bennemann
b) Gert Hoffmann
c) Gerhard Glogowski

**14. An welchem Gebäude befindet sich die Braunschweiger Elle?**

a) Altstadtrathaus
b) Burg Dankwarderode
c) Alte Waage

**15. In welchem Land wurde die Skulptur „Türmer" geschaffen?**

a) Frankreich
b) Spanien
c) Italien

**16. Nach welchem NS-Politiker wurde der Reichsjägerhof in der Buchhorst benannt?**

a) Hitler
b) Himmler
c) Göring

**17. Welches Lied stammt aus Braunschweig?**

a) Deutschlandlied
b) Niedersachsenlied
c) Steigerlied

**18. Welcher bekannte Schriftsteller ist Absolvent des Braunschweig Kolleg?**

a) Uwe Timm
b) Thomas Brussig
c) Günter Grass

**19. Welche Tiere hat Eulenspiegel in Braunschweig nicht gebacken?**

a) Löwen
b) Eulen
c) Meerkatzen

**20. Was befand sich einst in der PTB?**

a) Feuertornado
b) Antimaterie
c) Atomreaktor

**21. Welches Museum gibt es nicht in Braunschweig?**

a) Schallplattenmuseum
b) Schokoladenmuseum
c) Naturhistorisches Museum

**22. Warum ist die Mumme dunkelbraun?**

a) Aufgrund des Lebensmittelfarbstoffes „Braun HT"
b) Aufgrund des Beta-Carotin
c) Aufgrund des hohen Malzgehaltes

**23. Aus welcher Oper stammt das „Mummelied"?**

a) Der Freischütz
b) Heinrich der Vogler
c) Der Wildschütz

**24. Wer wollte den Burglöwen klauen?**

a) Napoleon
b) Stalin
c) Wilhelm II.

**25. Welche Braunschweiger Sportler wetteten, dass sie stärker als eine Straßenbahn sind?**

a) Fußballer
b) Footballer
c) Handballer

**26. Was ergab die Autopsie des Rechen-August?**

a) Gehirntumor
b) Zwei Herzen
c) Schwereres Gehirn

**27. Welche Sängerin sorgte mit ihrem Auftritt bei „Wetten, dass..?" für Diskussionen?**

a) Sarah Connor
b) Helene Fischer
c) Andrea Berg

**28. Welches Tier befand sich auf den Braunschweiger Briefmarken?**

a) Löwe
b) Adler
c) Pferd

**29. Wie heißt der Braunschweiger Karnevalsumzug?**

a) Schoduvel
b) Gaudiwurm
c) Zoc

**30. Wer vertrieb den letzten Braunschweiger Herzog?**

a) Die Russen
b) Das Volk
c) Seine Frau

## Quiz-Lösungen

| | | |
|---|---|---|
| 1 c | 11 c | 21 b |
| 2 b | 12 a | 22 c |
| 3 a | 13 b | 23 b |
| 4 a | 14 a | 24 a |
| 5 b | 15 c | 25 b |
| 6 c | 16 c | 26 c |
| 7 c | 17 b | 27 a |
| 8 c | 18 a | 28 c |
| 9 a | 19 a | 29 a |
| 10 b | 20 c | 30 b |

# Zitate

*„Der Herzog und die Herzogin von Braunschweig leben mit ihren Untertanen wie mit ihren Freunden. Sie dinieren und soupieren immer in Gesellschaft. Wenn ein Edelmann an den Hof kommt, wird er gut empfangen."*
Montesquieu

*„Das Volk von Braunschweig leistet den Treueid. Häßliche Gotik des Gebäudes, in dem sich die Behörden befinden. Die spießige Gewöhnlichkeit bei Zeremonien verursacht mir immer Übelkeit. Der Bürgermeister von Braunschweig, eine lächerliche Gestalt, hat eine Rede vorgelesen, die niemand gehört hat. Er hatte nicht so viel Verstand, dem Volke zu sagen, wann es die Hand hochheben solle. Jeder hat es für sich getan, und alles hat gelacht …"*
Stendhal

*„Um Kinder herum ist Paradies und Märchen und darum war mir Braunschweig, wo ich geboren und aufgewachsen bin, eine Märchenstadt."*
Ricarda Huch

*„Bei Vorbildern ist es unwichtig, ob es sich dabei um einen großen toten Dichter, um Mahatma Gandhi oder um Onkel Fritz aus Braunschweig handelt, wenn es nur ein Mensch ist, der im gegebenen Augenblick ohne Wimpernzucken gesagt oder getan hat, wovor wir zögern."*
Erich Kästner

*„Ich habe Fehler gemacht, und ich habe dazu gelernt. Doch das Jahr in Braunschweig habe ich nicht bereut."*
Paul Breitner